季刊 考古学 第41号

特集 貝塚が語る縄文文化

● 口絵(カラー)　ムラのなかの貝塚
　　　　　　　　貝層の堆積状況
　　　　　　　　貝塚と埋葬
　　　　　　　　貝むきと製塩作業場
　(モノクロ)　　沖縄諸島の貝塚
　　　　　　　　全国貝塚調査情報

北海道戸井貝塚／岩手県二子貝塚／千葉県実信貝塚／神奈川県高坂貝塚／愛知県大西貝塚／滋賀県粟津湖底遺跡第3貝塚／熊本県黒橋貝塚／鹿児島県市来貝塚

貝塚の重要性と分析の視点————岡村道雄 (14)

近年の貝塚研究の進展
　貝塚の堆積構造と発掘調査法————山田晃弘 (17)
　貝塚出土の貝・骨が語るもの————樋泉岳二 (22)
　縄文の生業動態と食性分析————小池裕子 (27)

縄文貝塚から見た縄文人と生活
　全国の貝塚分布と地域の貝塚群————堀越正行 (35)
　貝塚と貝塚に残された道具————山田昌久 (41)
　土器製塩と貝塚————鈴木正博 (47)
　貝塚に埋葬された縄文人————松下孝幸 (52)

沖縄諸島の貝塚 ──────盛本　勲 (57)
貝塚の保存と活用 ──────後藤和民 (61)
全国貝塚最新情報
　北海道戸井貝塚 ──────古屋敷則雄 (65)
　岩手県二子貝塚 ──────千葉啓蔵 (67)
　千葉県実信貝塚 ──────高柳圭一 (69)
　神奈川県高坂貝塚 ──────野内秀明 (71)
　愛知県大西貝塚 ──────岩瀬彰利 (73)
　滋賀県粟津湖底遺跡第3貝塚 ──岩橋隆浩・瀬口眞司 (75)
　熊本県黒橋貝塚 ──────野田拓治 (77)
　鹿児島県市来貝塚 ──────新東晃一 (79)

最近の発掘から
　柱状節理利用の石棒製作址 ─岐阜県塩屋金清神社遺跡──林　直樹 (85)
　弥生後期の四隅突出型墳丘墓 ─福井県小羽山古墳群──古川　登 (87)

連載講座　縄紋時代史
　15. 縄紋人の領域(2) ──────林　謙作 (89)

書評 ────────(97)
論文展望 ────────(101)
報告書・会誌・単行本新刊一覧 ────(103)
考古学界ニュース ────────(107)

表紙デザイン・カット／サンクリエイト

ムラのなかの貝塚
千葉市有吉北貝塚

有吉北貝塚は，千葉市緑区有吉町所在の縄文時代中期中葉～後葉の集落遺跡である。遺跡の約3/4が調査され，住居跡128軒，土坑822基，斜面貝層3カ所が検出された。長径120m×短径70mの範囲に，住居群は外側，土坑群はその内側に配される傾向にある。中央に広場的な空間を有し，中期拠点集落に典型的な「環状集落」である。斜面貝層は，遺構群の外側斜面に集落の前半期に2カ所，後半期に1カ所が比較的短期間に形成されている。また遺構内に堆積した貝層も数十カ所あり，全体で点列環状貝塚を形成している。貝層からは，当時の多種多様な生活用具や食料残滓が出土し，拠点的な貝塚集落のあり方を物語っている。浅い谷を挟んだ同一台地上に，同時期の環状貝塚（有吉南貝塚）が所在することも特筆される。

構　成／上守秀明・出口雅人
写真提供／(財)千葉県文化財センター

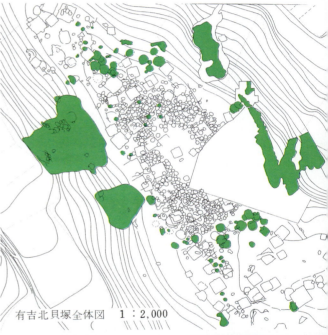

有吉北貝塚全体図　1：2,000

1 環状集落主要部と斜面貝層
2 北斜面に形成された大規模貝層
3 土坑内に堆積した貝層

4 出土した主な骨角器・貝器　（撮　影／堀越知道）

貝層断面　宮城県里浜貝塚西畑地点（縄文時代晩期）

貝層の堆積状況

ハマグリ主体の小さい層（同上）

貝塚の堆積層は実にさまざまである。魚骨・ウロコだけで構成される小ブロック，ほとんど貝のみで構成される純貝層，貝や獣・魚骨が土と混じりあった混土貝層・混貝土層，貝をあまり含まない土層がある。木炭や灰・焼土が小ブロックを形成することもしばしばである。これらは程度の差こそあれ，まとめて廃棄された生活残滓を反映している。

里浜貝塚西畑地点では，約2.5mの厚さの貝層9㎡が完掘され，400枚近い層が認定された。ほとんどの層の大きさは約1〜2mで，厚さは数cm程度であった。写真には，これらの小さい層が重なる様子が縞状に見られる。

構　成／山田晃弘
写真提供／東北歴史資料館

貝塚と埋葬

縄文人骨はほとんど貝塚から出土し、その埋葬姿勢は仰臥屈葬を基本としながらも多少の変異が認められる。現代日本人の形質的基盤となっている縄文人の形質はきわめて特徴的で、他の時代と間違うことはない。しかも日本列島では北も南もほぼ均質である。しかし縄文人がどこから来たかはまだ決着がついていない。詳細な地域差の検討もこれからである。

構成／松下孝幸

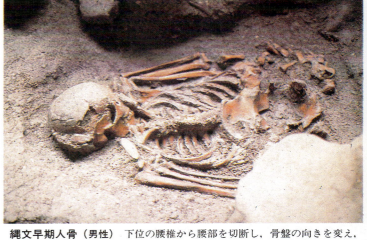

縄文早期人骨（男性） 下位の腰椎から腰部を切断し、骨盤の向きを変え、大腿骨、脛骨、腓骨を外して埋葬した特異な例（大分県枌洞穴）

 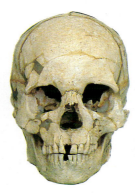

縄文人の頭蓋の比較
左：縄文後期人骨（男性・熟年）長崎県出土
右：縄文晩期人骨（男性・壮年）沖縄県出土

縄文晩期人骨（男性と子供） 2体の合葬例（長崎県白浜貝塚）

縄文後期人骨（女性と子供） 2体の合葬例（大分県枌洞穴）

縄文後期人骨（男性） 下肢は屈曲、上肢は伸展（長崎県対馬佐賀貝塚）

縄文晩期人骨 複数体を改葬、頭蓋と一部の四肢骨は自然の状態を保っていた（熊本県黒橋貝塚）

貝むきと製塩作業場

松島湾に浮かぶ宮城県宮戸島の里浜貝塚西畑北地点からは，縄文時代晩期半ばのアサリ・マガキなどの加工，土器製塩場が発見された。浜に突き出した尾根の平場に炉をしつらえ，まわりの斜面には焼け土・灰・焼けただれた製塩土器片を多量に捨てていた。多量な貝殻も捨てられ，ムラが総出で春に貝加工，夏に塩作りを行なった。

構　成／岡村道雄

居住地から100mほど浜に降りた作業場

高い熱効率と漏水防止が工夫された製塩土器

捨てられた焼け土・灰・製塩土器片，貝殻の層

製塩土器は見つからなかったが，下層からも後期後葉の炉を発見

沖縄諸島の貝塚

貝類組成からみて、沖縄諸島の貝塚は三大別される。その一つは、マングローブや河口干潟の淡水域の貝類を主体とする貝塚である（1）。他の二つは、同様に鹹水産を主体とするが、採集地の海岸形態の違いからして、珊瑚礁域の砂礫底や岩礁棲の大型で多肉質の貝類を主体とする貝塚（2・3）と、内湾の軽石地域や砂地、砂泥底の小型の巻貝や二枚貝を主体とする貝塚（4）である。

構 成／盛本 勲
写真提供／沖縄県教育委員会・具志川市教育委員会・具志川村教育委員会

1 石灰岩台地上に住居空間を有し、その崖下に形成された貝塚
沖縄県石川市古我地原貝塚21地区八区（沖縄前IV期：縄文後期相当）
マングローブ域や河口干潟の砂泥、砂礫底に棲息するウミニナ科のキバウミニナやシレナシジミガイ、センニンガイなどを主体とする。

2 敷石遺構内に散在する大型で多肉質の貝類
沖縄県久米島具志川村大原貝塚（沖縄前V期：縄文晩期相当）

3 一般的な砂丘の貝塚
沖縄県久米島具志川村清水貝塚（沖縄後期：弥生～古墳相当）

2・3は珊瑚礁を前面に控えた、砂丘上の貝塚。潮下帯の砂礫底に棲息するマガキガイを主に、サラサバテイやシャコガイ類、チョウセンサザエ、ヤコウガイなどの大型で多肉質の貝類が主要構成種をなす。

4 石灰岩台地の斜面に形成された貝塚と貝層断面
沖縄県具志川市地荒原貝塚（沖縄前IV期後半～V期前半：縄文後期後半～晩期前半相当）
主体貝は、内湾の砂底や砂地に棲息するアラスジケマンガイやリュウザルガイなどが60％以上を占めている。

全国貝塚調査情報　北海道戸井貝塚　岩手県二子貝塚　千葉県実信貝塚

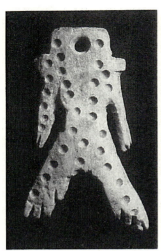

北海道戸井貝塚出土の角偶と貝層断面

岩手県二子貝塚の調査区とRJ003埋葬人骨

千葉県実信貝塚上部貝層堆積状況（中位に焼けた貝や灰が層をなして堆積している）

神奈川県高坂貝塚　愛知県大西貝塚　滋賀県粟津湖底遺跡第3貝塚

神奈川県高坂貝塚の貝層堆積状況と貝・獣魚骨のつまった深鉢形土器（Ⅳg層）

愛知県大西貝塚の敷石遺構と貝層断面

滋賀県粟津湖底遺跡第3貝塚の貝層検出状況

熊本県黒橋貝塚　鹿児島県市来貝塚

熊本県黒橋貝塚最下層の遺物出土状態（左）と土壙内の土器・獣骨出土状態（右）

  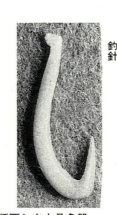 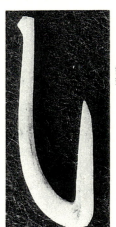

垂飾　髪針　釣針　釣針

鹿児島県市来貝塚第1トレンチの貝層断面と出土骨角器

季刊 考古学

特集

貝塚が語る縄文文化

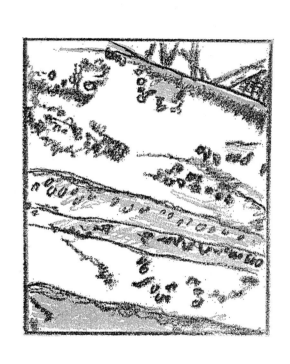

特集 ● 貝塚が語る縄文文化

貝塚の重要性と分析の視点
―― 貝塚の特性を生かした縄文文化の研究 ――

文化庁記念物課　岡村 道雄
（おかむら・みちお）

貝塚は有機物が腐らずに残るため情報量が多く，縄文文化を内容豊かに語り見せることができる典型的な遺跡として重要である

1　貝塚の特性

1．多くの層が重複して堆積する

貝塚には貝などの多種多様な自然遺物などが捨てられたため，各層は異なった層相を示す。そのため層の重なり具合が比較的明瞭に捉えられる。この重複関係は，各層に含まれる物の新旧関係を示し，土器編年研究に大いに役立てられた。

2．各層は研究の単位となる一括廃棄遺物

貝塚から発見される遺物は，ある小集団がある時間幅に生み出したゴミの内，幸いにもそこにまとめて捨てられ，しかも腐らなかったものである。したがって，ある小集団が行なった種々の生産活動・生活に係わる物が，有機的な関連を持って含まれている可能性がある。そこで，各層の内容物を定性的・定量的に分析する。例えば，各種遺物の共伴関係によって，道具とその素材・製作道具・被加工物（対象物）が判明することがある。漁具と魚骨の関係が，魚の漁法を教えてくれるなどである。このような共伴関係は，最小の廃棄単位ごと，貝塚の地点ごと，各貝塚ごとでも有意な相関が浮かび上がってくる。

3．有機物が腐らないで残る

日本は，世界でも有数な酸性土壌の国であるため，アルカリ性または中和状態にある貝塚くらいしか，以下のような貴重な情報をもたない。

a．人骨……縄文人の形質と埋葬法

①縄文人としての均質性や他民族との差異・関連性を解き明かしたり，時期・地域による差，地域差と生業の発展などとの関連をさぐる。②日常の生活習慣，例えば蹲居姿勢，右利き左利き，外耳道骨腫から潜水の実態などを復元し，骨盤に印された妊娠痕を観察するなど，③各種疾病や虫歯などから古病理，骨折などから事故，あるいは健康状態や食生活などを復元するという興味深いテーマが多い[1]。

また人骨の性別・年齢・血縁・体格や疾病などの特徴と埋葬姿勢や装着品・副葬品・供献品のあり方を把握し分析することによって当時の集団関係，あるいは埋葬法ひいては他界観念など，装着品の装着法とその意味などが明らかになる。しかし，この方面の研究は必ずしも十分とは言えず，既出埋葬人骨資料の報告，新しい視点での再整理も望まれる。

b．骨・角・牙・貝で作られた道具とその製作関連遺物

これらは，とくに漁撈や装身に用いられ，その方面の研究には欠かせない。作りかけ，製作過程に生じた屑も，製作法やその遺跡でどの工程の製作が行なわれたかを教えてくれる。

c．食ベカス

貝殻，獣・魚・鳥・両生類・爬虫類などの骨，ウニの刺や殻，カニの爪などが残されている。また多くがイヌのものと思われるが，糞が固まって化石化した糞石と呼ぶものが出土する。未消化の骨，花粉，寄生虫などが含まれ，多くの情報を提供する。

d．環境を示す自然遺物

食べ物のカスはもちろん，それに付着・付随して貝塚に持ち込まれたもの，貝塚で生息または貝塚を徘徊していた動物の遺体は，貝塚やその周辺の自然環境を示す。食べカスは解体・調理の結果でばらばらになっているが，ネズミ・モグラなどは全身が揃って発見され，そこに生息していたことがわかる。またマイマイなど800種にも及ぶ陸産貝は，その生態の特徴によって貝塚に生えていた植物や土壌の状態を教えてくれる。

2 貝塚の特性・有効性をより生かす研究

1. 貝塚分布，貝塚と貝塚との関係，貝塚ムラの性格・機能，貝塚の構造

貝塚の貝がどんな状態の海に住むかによって，付近の海が，例えば砂泥底か岩礁であったかがわかり，同時期の同種の貝塚の分布は各時期の海岸線が概ね復元でき，海岸線の変遷も明らかになる。ただし，貝は多少なりとも運搬されるので，正確な海岸線は地質調査，貝や珪藻の含まれる海成層の分布などと総合して研究されるようになってきた[2]。周辺の海の状態と貝塚との位置関係は，ムラが持つ縄張り，縄張り内の資源の利用法，ムラの機能を解釈する上で重要な情報を提供する。

さらに貝塚の立地や位置関係，規模，住居・墓などの遺構の種類と構成，貝・魚・獣などの動物遺体＝動物遺存体の種組成や季節性，道具の組成，道具の製作などの各種作業痕跡，交易・交換材のあり方などについて総合的に把握して，各貝塚ムラの性格・機能を推定し，合わせて他集団と関係を明らかにする。鈴木は，同時期の千葉県木戸作貝塚と東京都伊皿子貝塚を選定し，貝塚の規模を体積で示し，それを定量分析の基礎として上記のような要素で両者を比較検討した。その結果，木戸作貝塚は定住的なムラ，伊皿子貝塚は春前半と秋の貝採集・魚取りのキャンプであることが判明した[3]。同様な視点で，各地域の貝塚と貝塚をもたない遺跡とを総合的に検討して，地域集団の特色が明らかになれば，各地で自然および社会環境を背景にして独特な文化を発展させた縄文文化の本質とその変遷が復元できる。

そこで，全国の貝塚の主体貝や動物遺体などのデータを丹念に集成し地域性を把握しようとする研究[4]，自然環境と技術の地域差や地域集団の縄張りに関する研究[5]，仙台湾の地域集団と縄張り[6]，筑波大学の「古霞ヶ浦湾」沿岸貝塚群の総合調査，千葉県や宮城県など県内の貝塚集成，青森郷土館で継続している県内貝塚の確認調査などは重要である。とくに近年は，千葉県実信貝塚，愛知県大西貝塚，滋賀県粟津湖底遺跡のように，自然貝層が絡むような低湿地や海浜部に形成された出作り的な貝塚が次々に発見され，拠点集落との関連で総合的に捉える必要がでてきた。

さらに貝塚そのものが各種行為の集合体であり，ムラを構成する一部であることも忘れてはならない。①貝塚の整形，道の設置，②貝剥き加工などの各種作業場，③人やイヌの葬送や各種の祭祀の痕跡などが知られる。貝層の形成過程，貝層相互の関係なども含めて貝塚そのものを理解していく必要がある。

2. 生業と生活の実態

貝塚の堆積システムを，これまでの土器型式という相対的な時間から，年・季節そしてあわよくば日数という短くてしかも絶対的な時間軸で捉え，その時間を背景に持った一括遺物を分析・研究できるようになった。そして，その一括遺物の資料的制約や性格を踏まえながら，いかに効率良く正確に発掘し，遺物を抽出・同定・集計するかという基礎的な作業が，全体の成果を大きく左右する。とくに発掘法と遺物採集法，動物遺体の同定作業の不備が，当時の漁撈の基本的解釈を誤らせたこともある[7]。例えばサンプリングエラーのため，多量な小型魚の存在が確認できず，大型魚と骨角製漁具の存在によって豪快な外洋漁業が復元されてきた。しかし，海岸部における生業は，内湾における効率的な囲い込み漁が主体であったらしい。発掘者の目は1cm以下の多くのものを見失うという実態を踏まえ，有効な情報をその軽重に従ったサンプル量で過不足なく収集し，資料集積し検索できるようにするかが重要である。また動物遺体の正確な種同定，個体識別と個体数の算定，年齢・性別の判定，大きさの復元，捕獲季節・活動空間の推定，解体・運搬・分配・調理の痕跡などによって生業と生活などの復元が，今日多方面から試みられている。具体的には生業の季節性・計画性，協業・分業，捕獲法，捕獲圧，ムラの縄張り，解体・運搬・分配・調理法などについて議論されるようになった。さらに，珪藻やプラントオパールなどの分析による環境復元，石器・土器などの材質分析，そして人骨のコラーゲ

ンから抽出した炭素と窒素の同位体比，あるいは人骨・糞石に残された脂肪酸やステロール分析によって食性を直接的に復元するなどの理化学的方法も用意されてきた。

　3.　貝器・骨角器などの研究

　器種分類，地域差と編年の大綱，作り方，伝播の系譜などが研究されてきた。全国的な集成[8]，伝播・系統の追究[9]などが進められている。しかし，定型的な磨製のものでも機能不明であったり，具体的な被加工物が不明なものがほとんどである。また打製骨器や使用痕ある骨器の存在やその意味はほとんど認識されていない。属性分析や動物遺体との相関による機能研究を進める必要がある。

　4.　塩作りの実態と社会整備と縄文文化の解体

　今のところ古東京湾・霞ヶ浦から陸奥湾に至る太平洋岸には貝塚の分布と一致するように製塩遺跡が分布している。製塩の開始は，霞ヶ浦，青森県八戸[10]，そして多分仙台湾でも後期後葉である。浅く掘り凹め漆喰？を張った炉から集石炉に変遷し，薄くて熱効率が良く，漏水が防げ塩を掻き取り易いように内面を磨いた無文の実用的な塩作り専用土器も，炉の変化に合わせて小さな平底から尖った底に変化した。盛夏に海草に海水を注いで濃縮し，濃縮した塩水を溜める穴を持つ浜辺の作業場で塩を作ったこともあった[11]。一方，製塩土器が持ち込まれた山間部の遺跡があり，塩あるいは塩を用いた保存食を交換していたらしい。東日本の太平洋岸に異常に発達した地域的な技術・社会関係を示しており，生業の変化に伴う生産力の低下によってあえなく崩壊した過程は重要である。

3　おわりに

　貝塚における発掘法，サンプリング法，動物遺体の同定法の正確さに基づいた定量分析，あるいは解釈法などについては次第に整備されてきた。これらを総合的に駆使すれば，一年・季節程度の短い時間をスケールにして，生業・食性，各種作業などの復元が飛躍的に前進しよう。しかし，貝塚としての最低限の記載すらない報告書に接して，胸の痛くなる思いも稀ではない。これらの方法を実施する発掘・分析システムの保証，予算的裏付けこそが重要な課題である。また研究者の増強，情報の交換や現生動物標本や生態データの完備・

共有なども考えなければならない。

　そして，情報量の多い貝塚，貝塚間と遺跡群，遺跡の構造・機能，遺物群・遺物などに関する事実や解釈モデルは，縄文時代の遺跡全体あるいは縄文文化を考える上でますます貴重である。縄文人が彼らの居住地の特性を生かして，食料を獲得する方法，場所，量，栄養価などを総合的に判断し，いかに効率良く計画的に工夫し，他の集団との連携を図っていたかを，貝塚を最大限に活用して縄文文化の到達点を解明しなければならない。自然科学的分析の適用範囲も広く，民俗学・人類学との接点も多い。文献と連携した古代から近世への研究の拡大は，先史文化を解釈するモデルとしても役立とう[12]。

　貝塚は情報量が多く，目で見てわかり易く，掘っていて面白く，常に新しい情報を提供できるなど動的であり，縄文文化を内容豊かに語って見せることができる典型的な遺跡である。良好に保存し，活用できなければ，地域住民の文化財に対する理解は得られない。

　　註
1)　片山一道『古人骨は語る』同朋舎，1990
2)　松島義章・前田保夫『先史時代の自然環境』東京美術，1985
3)　鈴木公雄「伊皿子と木戸作」『稲・舟・祭　松本信廣先生追悼論文集』六興出版，1982
4)　金子浩昌・西本豊弘・永浜真理子「狩猟・漁撈対象動物の地域性」季刊考古学，1，1982
5)　赤沢威「日本の自然と縄文文化の地方差」『人類学』日経サイエンス社，1984
6)　林謙作「宮城県下の縄文期貝塚群」『宮城の研究』1，清文堂，1984
7)　小宮孟「魚類遺存体の組成復原にかかわる資料採集法について」国立歴史民俗博物館研究報告，29，1991
8)　金子浩昌・忍沢成視『骨角器の研究　縄文篇』I・II，慶友社，1986
9)　渡辺誠「縄文・弥生時代の骨角製漁具」『装身具と骨角製漁具の知識』東京美術，1988
10)　八戸市教育委員会『遺跡が語る八戸の歴史』1990
11)　東北歴史資料館『里浜貝塚VII』1988
12)　松井章「動物遺存体からなにがわかるか」『新しい研究法は考古学になにをもたらしたか 予稿集』1989

特集● 貝塚が語る縄文文化

近年の貝塚研究の進展

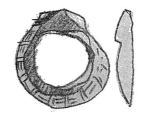

最近の貝塚研究はどのような方法で行なわれているだろうか。考古学的な発掘調査法と自然科学的手法の両面から考えてみよう

貝塚の堆積構造と発掘調査法／貝塚出土の貝・骨が語るもの／縄文の生業動態と食性分析

貝塚の堆積構造と発掘調査法

東北歴史資料館
山田晃弘
（やまだ・あきひろ）

貝塚の調査は層序と個々の層の平面分布の把握が基本となり，資料採取は層ごとの一括性をくずさない方法で行なわれることが必要である

　貝塚の伝える情報がいかに豊富なものであるかは，松井章・鈴木公雄によって良くまとめられているが[1),2)]，その情報を有効に引き出し活用するためには発掘調査法が重要な意味を持つ。調査の基本となるのは層位学的調査による一括資料の把握である。

　小論では，まず貝塚研究史を調査法に焦点をあてて簡単に振り返り，後半では近年盛んになってきた生業研究にとってはどのような調査法が適切なのかを考えてみたい。

1　貝塚はどう調査されてきたか

　モースによる大森貝塚の報告では，すでに「何が食料とされたか」についての検討があるが[3)]，この視点はその後の考古学研究者に順調に受け継がれなかった。

　貝塚の層位に意識的な注意を払ったのは松本彦七郎が最初である[4)]。松本は，個々の層から一括して出土した土器群の特徴を捉え，これを層位によって並べることにより土器の変遷を理解しようとした。この方法は山内清男に受け継がれ，一括土器群の分析→型式設定→層位的関係に基づいた変遷の把握，という土器編年研究の基本的方法が確立される[5)]。

　1911年，水産学者岸上鎌吉は"Prehistoric Fishing in Japan"を著わし，動物遺体と骨角器・石器との対比により漁撈活動を復元しようとした[6)]。ここでは土壌洗浄によってイワシなどの微細な骨を検出している点が注目される。

　生業研究では「何が，どれくらい，どのように，捕られていたか」が出発点となるが，「どれくらい」に関する研究は金子浩昌に始まる。金子は，大倉南貝塚・館山鉈切（なたぎり）洞窟の調査で動物遺体を定量的に把握しようとした。とくに鉈切洞窟では，一定量の土壌サンプルを採取した上で定量化を図っている点に大きな前進が認められる[7)]。

　その後，清水潤三・鈴木公雄らは上高津（かみたかつ）貝塚の調査で，貝層の土壌すべてを1cmメッシュのフルイにかけると同時に，任意に設定した30×30cmの範囲を柱状に残し，これを上から5cmの厚さで水平にカットして土壌をサンプリングする方法（柱状コラムサンプル法）を併用し，従来の手掘りによる成果と比較した[8)]。1mmメッシュのフルイにまでかけられた土壌サンプルからは，小形魚類の骨が多く検出され，手掘りや目の粗いフルイがけによる採集法では，それらが大幅に漏れてしまうことを指摘した。ここでは採取する土壌を定量化することによって，比較が容易になることも強調

している。

　柱状コラムサンプル法は，金子の方法をより組織的なものに発展させたと評価できるが，これは貝層の層序を無視したものであり，層形成の背後にある人間行動を復元するために役立たないとの批判が出されている[9]。

　近年の調査では，この点を克服するためにいくつかの改良が試みられている。柱状コラムを貝層の傾斜に沿って一定の厚さでカットする方法[10]，柱状に残した部分内で分層発掘を行ない層ごとに採取する方法[11]，貝層全体の層位的調査を行ない各層ごとに一定量の土壌を採取する方法[12]，同じく層位的調査を行ない各層を全量サンプリングする方法[13]などがある。

2　貝塚の堆積構造と層（群）の捉え方

　貝塚とは，基本的に不要となった各種の道具とともに食料残滓が捨てられた場所である。形成される場所は，集落のある台地斜面，廃絶された竪穴住居や土坑内，集落と離れた貝類の処理場など様々であり，立地にも斜面，窪地，平地がある。したがって，堆積構造もそれぞれの性格に応じて異なると予想される。ここでは，筆者が調査経験のある，仙台湾周辺の縄文集落の台地斜面に形成された貝塚の堆積構造と層（群）の捉え方について考えてみたい。

　斜面に形成された貝塚は，一般的に斜面の下方の層が層位的に新しく，上方に向かうにつれ古くなっている。これは，台地側から行なわれた廃棄が，手前側から始められ，次第に斜面を埋め立てるようにして前進したことを示す。また，堆積が斜面にある小さい沢・ノッチから始まる例がしばしばあるので，最初の廃棄の場所はこのような窪地を目安にしていたことがわかる。

　貝塚の堆積層は実に様々である。魚骨やウロコだけで構成される小ブロック，ほとんど貝のみで構成される分厚い純貝層，貝や魚骨が土と混じりあった混貝土層・混土貝層，貝をあまり含まない土層などがある。貝塚ではこれらの層が複雑に堆積しており，発掘調査や堆積構造の理解を困難なものにしている。

　一つ一つの層は，貝殻・魚骨の種や量，炭化物・灰・焼土の入り具合，土壌の色・質などによって均質と判断される範囲がまとめられたものである。しかも，発掘現場で周辺の層との比較によ

って，平面的にも層位的にも矛盾がなく境が押さえられた場合に認定される。したがって，1つの層は中断を含まない一定の期間に形成されたものと理解され，層と層の間には時間間隙を考えることができる。

　ところで，これらの層すべてが一次的な廃棄行為によってのみ形成されたとは言いきれない。確かに魚骨ブロックや純貝層では，一括廃棄されたまとまりがほぼそのまま残っていると直感される。しかし，貝層群に挟まれる厚く広い分布を示す土層は，自然堆積によるものである。その他の混土貝層や混貝土層は，通常分布範囲が1m前後と小さいため，一括廃棄されたまとまりをある程度反映していると予想されるが，程度の差こそあれ自然の要因による廃棄後の撹乱も無視することはできない。また別な場所（例えば住居の近く）に少しずつ貯められた残滓が，ある段階でまとめられて二次的に廃棄されることも想定できる[15]。

　このように各層の形成過程は単純とは考えられず，また保存程度も均一ではない。しかし，1つの層が考古学的に捉えられる最小単位の一括資料であることに変わりはない。各種遺物の分析はこの単位を出発点とすべきである。自然堆積層は現場である程度判断できる。また，廃棄のまとまりの保存程度・二次的な廃棄の有無・現場での層認定の妥当性は，層中の内容物の分析と層間での比較を行なうことにより，組成に意味あるパターンを認め得るかどうかを判断することによって検討できる。これまでの各地の分析結果から見ると，廃棄のまとまりを残している層は，1季節あるいはそれより短い時間の行動を反映している[14]。

　各層は全くランダムに堆積しているのではない。数枚から10枚程度の小さい層が，一定範囲内に（多くは2m程度）直接的に重なっていることがある（里浜貝塚西畑地点ではこれを"同一地点廃棄ブロック群"と呼称した）[16]。一連の層はほぼ同じ傾斜に沿って堆積している。このような層群は，いくつかが層位的に併行して存在することもしばしばあり，また層群同士が重なっていることもある。"同一地点廃棄ブロック群"は，層位的に見て最も近接した時間の中で形成されたものであり，層より1段階上の一括資料と捉えることができる。特定の人（々）が，長期間廃棄場所を限定していた可能性が考えられ，例えば1家族の数季節～数年にわたる活動を検討する資料となりうる。

分厚い純貝層が広い範囲に分布し，複数の"同一地点廃棄ブロック群"を覆っていることがある（里浜貝塚ではこれを"極大廃棄"と呼んだ)[16]。これは通常の混貝土層や混土貝層とは成因が異なると予測される。多人数が協同して貝を大量採取し，一括して処理した結果を反映している可能性がある。

自然堆積土層が貝層群に挟まって存在する時，そこには相当の時間間隙を想定できる。したがって，土層によって区分された貝層群相互は，明確に時期の異なるものと判断でき，これらは時期差を示す一括資料と考えることができる。

最後に貝層最下部の様相に触れておく。貝層の最下部では，上層と同じような小さい層を明瞭に捉えられなくなる。混土率が一様に高くなり，貝類は破砕して保存の悪いものが目立つ。土壌は粘性が強く，有機質に富む。これらは，貝類が腐植したために，本来の層区分が不可能となってしまったものと考えられる。

3 サンプリング法について

サンプリング法の基本は，人工遺物であれ動物遺体であれ，それらを層序に基づいて区分し，一括性を崩さずに採取することにある。

柱状コラムサンプル法は，微細遺物を組織的に回収する方法として意味を持ったが，一定の厚さごとに水平にカットしていく方法は，多くの批判がある通り，層位を無視することになり，最も重要な層ごとの組成を捉えることはできない。ま

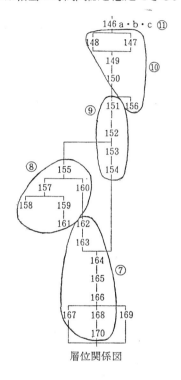

層位関係図

※⑦～⑩が同一地点廃棄ブロック群
　⑪が極大廃棄

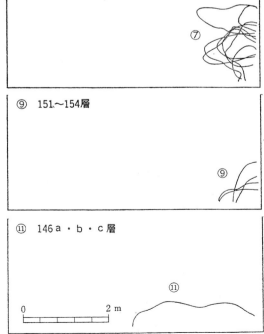

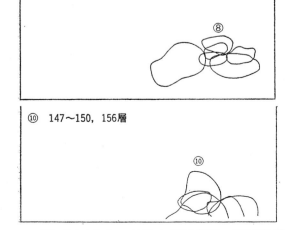

"同一地点廃棄ブロック群"と"極大廃棄"―里浜貝塚台囲頂部地点の場合―（東北歴史資料館 1992 より一部改変）

た，カット方向を層の傾斜にあわせたとしても問題の解決にはならない。

柱状部分を層位的に分層してサンプリングする方法ではこの問題点が解決される。しかし前述したように，平面的に複雑な堆積を見せる貝層にあって，連続する層序を捉えることは数10cm四方程度の限定された範囲内では困難である。したがって，サンプリングした層が層位的にどの程度連続するのか，あるいはどのように大別できるのかは判断できない。

層別の定量サンプル法では，調査区内にある全層の層位的な採取が可能である。問題点としては，サンプルサイズとサンプルの偏在性の扱いがある。サンプルサイズは数リットル程度が一般的だが，松井の指摘するように動物種にあわせた対応が必要である[1]。数リットルという量は小形魚類や貝類では問題が少ないが，哺乳類・鳥類といった大形種の骨の場合，各サンプルごとに何点も含まれることはまずない。またこれに関連して，検出された個体数が少ない種を評価する際，それが層全体の特徴を表わすのかどうかの判断は困難であるし（偏在性の問題），単純な数量的比較も意味を持たなくなる。成長線分析や体長組成の復元を行なう場合も同様な問題が生じる。したがって定量サンプル法は，微細な資料を層ごとに定量的に捉えるために一定の有効性を示すが，層全体の様相を把握するためには他の方法と併用する必要がある。実際には，層ごとに残りの土壌を 10mm ないしは 5mm メッシュのフルイがけする方法が採られている。なお，この問題は柱状サンプル法にも共通する。

ここで，層間で組成を比較する方法について触れてみたい。方法としては，①層ごとの組成比を用いる，②一定量の土壌中に含まれる点数を用いる，③層ごとの絶対数を用いる，などが考えられる。①・②の方法は上に示したサンプル法でそのまま可能であるが，③については層全体の体積・重量を別に計測した上で，計算によって推定することになる。

層別の全土壌をサンプリングする方法では，調査区外にまで延びる層は別として，①・②・③のいずれの比較法にも対応できる資料を採取できる。サンプルサイズと偏在性の問題も解決される。ただし，持ち帰る資料は膨大になり，現実的にはすべてについて微細な遺物まで検討すること

は不可能である。したがって，たとえば人工遺物や大形の動物遺体については粗い目のメッシュで全資料を選別し，魚類・貝類などは分析対象とする層や層群を堆積状況の検討から限定して分析する，といった工夫が必要となる。

4 発掘調査法について

発掘調査で最も重要なのは平面的な層の観察である。層の認定も層位的上下関係の把握も基本的には平面観察によって行ないうる。断面では層群の境は比較的明瞭に見られるが，平面で見える細かい層の境や上下関係は観察しにくい。これは観察できる面積が平面と断面では大きく異なるためと考えられる。したがって，破壊などによって断面が現われている場合には，もちろんこれを利用するが，あらかじめ断面観察のためにサブトレンチを入れることは避けるべきである。サブトレンチによって消失した部分で分布が途切れる層も多いため，分断された両側の層位関係が確認できなくなる恐れがある。また層の平面形も正確に捉えられなくなる。同じ意味で，セクションベルトも必要最低限に押えるべきである。2つの区の調査終了後に，ベルトをはずしながら両区の層序を結び付ける作業は非常に困難である。

発掘調査は，均質な部分を1層と認め→層位的上下関係を確認し→最上層から取り上げる，という当り前な作業の繰り返しであるが，平面観察によって層と層序を捉えることは，必ずしも容易ではない。具体的に注意を要する点をいくつか挙げておきたい。

層の平面形は傾斜に沿ってほぼ楕円形〜円形になることが多い。これは，層が多かれ少なかれ斜面上から廃棄されたものを反映していることによる。したがって，分布を検討する際，平面形がこれと異なる形になるようならば，複数の層に分かれる可能性がある。上下関係を検討する際にも，それぞれの層の平面形が参考になる。楕円〜円形に近い方が上位である場合が多い。

分布上からいったん1つの層と判断した場合でも，周囲との上下関係の検討によってさらに分層されることがある。これは現実にはしばしば起こることなので，層を取り上げる際に常に注意を払う必要がある。層の取り上げは斜面の下方から行なう方が誤認が少ない。これは取り上げの際，調査者の意識がある均質な部分をはずすというより

も，下位にある面を追う形になりがちなために，層の下位に複数の層がある場合，上方から取り上げていくと一度に別の層まで掘り進んでしまうことがあるからである。

同一地点（廃棄）ブロック群が存在することを念頭において，ある層を取り上げた後には，そのごく周辺に次に層位的に最上位となる層がないかを十分検討すべきである。またこれに関連して，斜面貝塚では，斜面の下方での検討が完全に終了した後に，上方の層群に進むべきである。たとえ上方に周囲よりも層位的に上位の層が存在しても，同一地点（廃棄）ブロック群の存在を考慮すれば，層群としては下方よりも古く位置づけられる可能性が高いからである。

なお，層中にある遺物の点取りの問題であるが，層が基本的に廃棄を反映するものである限り，とくに必要とは考えられない。ただし，ある種の道具の機能や動物の解体法などを示す可能性があるものは別である。

5 まとめ

以上，貝塚の堆積構造と層の捉え方，サンプリング法，具体的な発掘調査法について述べてきたが，集落内にあるいわゆる斜面貝塚についてしか触れられなかった。これは，筆者の力不足によるものであるが，他の貝塚についても，廃棄の方向などが把握できれば，堆積構造も理解が可能であろう。

文中で繰り返してきたことではあるが，豊富な情報を伝える貝塚の調査は，層序と個々の層の平面分布の把握が基本となる。資料採取は，層序区分に基づいた上で，情報（遺物）の一括性を崩さない方法で行なわれなくてはならない。サンプリングエラーを解消するためには，全層を採取し微細な遺物まで検討する方法が望ましいが，現実的に選別・分析可能な範囲は限られる。したがって，分析目的に応じた選別法・対象とする層の選択が必要となる。一括資料の最小単位は発掘現場で得られた１つ１つの層であるが，分析目的に応じて層群をまとめ上げ，いくつかの段階で一括される資料を考えることができる。

本論の内容は，宮城県内で行なわれてきた貝塚調査の蓄積によるところが大きい。これまで教えを受けた多くの方々，里浜貝塚の調査を継続されてきた諸先輩・同僚に敬意を表すると同時に，今

後のご教示をお願いするものです。なお，高野芳宏・阿部博志氏には原稿の検討をお願いし，有益な教えをいただいた。あわせて深謝いたします。

註
1) 松井 章「貝塚の情報性」『縄文文化の研究2』生業，172～183，雄山閣出版，1983
2) 鈴木公雄『貝塚の考古学』東京大学出版会，1989
3) Morse, E. S., SHELL MOUNDS OF OMORI Memoir of the Science Department, University of Tokyo. Vol.1. Part 1., 1879
4) 松本彦七郎「宮戸島里浜及気仙郡獺沢介塚の土器」現代之科学，7—5・6，12～42，20～47，1919 など
5) 山内清男「所謂亀ケ岡式土器の分布と縄紋式土器の終末」考古学，1—3，139～157，1930 など
6) Kishinoue, K., Prehistoric Fishing in Japan. Journal of the College of Agriculture, Imperial University of Tokyo. 7—3，327～382，1911
7) 金子浩昌・西村正衛「千葉県香取郡大倉南貝塚」古代，21・22 合併号，1～47，1956
　　金子浩昌・和田 哲『鉈切洞窟の考古学的調査』早稲田大学考古学研究室報告 6，1958
8) 鈴木公雄・小宮 孟「貝塚産魚類の体長組成復元における標本採集法の影響について」第四紀研究，16—2，71～75，1977
9) 松井 章，1983（前出）
　　小池裕子「伊皿子貝塚における貝類採取の季節性」『伊皿子貝塚遺跡』607～615，1981
　　中村若枝「貝塚の調査と季節性」季刊考古学，11，58～61，1985
10) 小宮 孟「魚類遺存体の組成復元にかかわる資料採集法について」国立歴史民俗博物館研究報告，29，45～60，1991
11) 渥美町教育委員会『伊川津遺跡』1988 など
12) 港区伊皿子貝塚遺跡調査会『伊皿子貝塚遺跡』1981 など
13) 宮城県教育委員会『田柄貝塚』1986
　　須藤 隆ほか『中沢目貝塚第3次調査概報』1986
　　岡村道雄編『里浜貝塚』東北歴史資料館，1982 など
14) 宮城県教育委員会，1986（前出）
　　須藤 隆・富岡直人「縄文時代生業の論点と課題」『争点日本の歴史』124～140，新人物往来社，1990
　　小池裕子，1981（前出）
　　樋泉岳二「貝層の堆積季節を利用した生業季節スケジュールの復元方法とその意義」国立歴史民俗博物館研究報告，29，197～234，1991
15) 小井川和夫編『里浜貝塚Ⅱ』東北歴史資料館，1983
16) 岡村道雄「里浜貝塚西畑地点の貝塚を残した集団とその季節的な生活」考古学ジャーナル，231，9～12，1984

貝塚出土の貝・骨が語るもの───■ 樋泉岳二

早稲田大学助手
（といずみ・たけじ）

貝塚出土の動物遺体からわかることがら，そしてその読みとり
方などを，主に形態学・生態学的な分析方法を中心に解説する

　貝塚から出土する動物遺体から何がわかるのか，それはどのようにして読み取ることができるのか。ここでは主として形態学・生態学的な分析手法を取り上げ，簡単に紹介する。なお，紙面の制約上，事例の紹介は一部のものにとどめざるをえなかった点，ご了承願いたい。

1　同定と定量化

　同定　貝や骨の研究の出発点となるのは，いうまでもなくその種を調べることだ。同定の手順としては，まず出土資料の部位（骨格系のどの部分に相当するか）を特定した上で，現生骨格標本と対照しながら形態の一致する分類群を絞り込んでいくわけだが，骨の形やサイズは種間差だけでなく，年齢，性などによっても異なるので，こうした差を積極的に利用すれば，以下に述べる年齢や性別の査定も可能になるわけである。

　年齢　骨の形やサイズから大まかな遺体の年齢を知ることができる。とくに成長初期の貝類や魚類では成長速度が大きいため，サイズを年齢の目安として利用できる場合が多い。哺乳類では，幼・若齢個体については歯の萌出・交換（はえかわり）が信頼性の高い年齢指標となるほか，萌出完了後は咬耗（すり減り）の進行状態が利用できる。現在，シカ[1]・イノシシ[2]については年齢の査定基準が設定され，考古資料に応用されている。また，シカでは角座骨の形も大まかな目安となる[3]。このほか，哺乳類では四肢骨の骨端軟骨の骨化や頭蓋骨の癒合状態も参考となる。しかしこれらの方法では，適用できる年齢の範囲もしくは推定の精度に限界があるため，全体的な絶対年齢の構成を一定の精度で把握するのは難しい。

　正確な絶対年齢を査定するには周期的に形成される成長線（年齢形質）を利用するのが最も有効である。成長線とは生息環境や生理的要因の変化が生物体に記録されたもので，その変化が年周期をもつ場合はいわゆる年輪となる。年輪の読み取りに適した資料としては，二枚貝の殻，魚類の鱗・耳石・椎骨など，哺乳類の歯（象牙質・セメント質）などがある。

　性別　哺乳類では雌雄で形態差が著しい種類（ニホンザルや鰭脚類など），あるいは性差が顕著に表われる部位（イノシシの犬歯など）があり，これらでは骨の形態から比較的容易に性を判別できる。シカの角のように雄だけに見られる部位も有効だが，雌の数がわからないため，性比を表わせない欠点がある。性差が不明瞭な種類や部位でも，計測値に統計的な検定を加えることである程度の判別を行なうことが可能な場合もある。

　体長　出土した一部の骨から本来の体長を推定する際には「相対成長」の原理が応用される。すなわち，ある部位骨のサイズが体長と相関していく場合，両者の関係式を現生標本の計測に基づいて設定しておけば，出土遺体の計測値から体長を推定することができる。こうした手法は魚類遺体の分析で盛んに用いられているほか，破砕された貝殻のサイズを復原する際にも有効である。

　こうして得られた遺体の種名・年齢・性・体長といった情報は，以後の分析の基礎を成すだけに，その重要性はきわめて大きい（図1）。

　定量化　遺体の出土量や種構成も食性や遺跡の性格を考える上で重要な基礎情報である。

　現在，異種間の相対的な量比の算定法としては，同定資料数（Number of Identified SPecimens: NISP）および最小個体数（Minimum Number of Individuals : MNI）による表現が一般に用いられている。NISP は各種について単純に同定資料の総和を求めたもの，MNI は最も多く出土した部位の数をもって資料中に最低で何個体が含まれているかを表わしたもので，同一個体に帰属する資料が多いほど MNI が，少ないほど NISP が実相に近い値をとることになる。現状ではこれを確認する方法は未開発だが，対となる部位の左右を突き合せて個体識別することにより，より正確な MNI を求めることは可能であり，近年ではこうしたペアリングの結果を確率統計的に処理してオ

リジナルに存在した個体数を求める方法も試みられている[4]。

定量化の第2段階は各種動物の食料構成中に占める割合を推定することである。大きさの異なる動物を一定の基準で比較する際には，個体数比に個体当りの肉量またはカロリーを乗じることにより，組成を肉量・カロリー比に換算する方法が一般に用いられている。この方法は，層位間や遺跡間で食料構成比を比較する際の相対的な目安としてはある程度有効であろうと思われる。しかし，信頼性のある値を得るまでには，個体数比算定法の問題に加え，肉量・カロリーの個体差・季節変動や解体・分配様式など，多くの解決すべき課題が残されている。なお食性分析に関しては骨コラーゲンの同位体分析法（別項参照）が開発され成果を挙げているので，これとのクロスチェックが有効となろう。

2 季節，活動空間，技術：獲得様式の復原

資源獲得の季節性や空間構成，技術・方法といった獲得様式の問題に対しては，人間と環境の相互作用を重視する生態学的な視点が導入されるようになった70年代以降に体系的研究が本格化した。

捕獲季節 遺体の捕獲季節を推定する方法は，大きく2つに分かれる。

第一の方法は，資源の季節変動（魚類の回遊など）をもとに，その資源が獲得可能であった期間を間接的に推定する方法である。この方法は対象が顕著な季節変動を示す種類に限定されるが，適用が容易なため広く用いられている。注意すべきなのは，この方法で示されるのは潜在的な獲得可能期間という環境的な背景であり，実際に獲得が行なわれた期間ではないという点である。したがって，人間の適応行動としての獲得季節を把握するためには，遺体から直接に死亡（＝獲得）時期を推定する必要がある。

遺体の死亡季節を推定する方法には，形態の季節変化に基づく方法と，年齢形質を利用する方法とがある。原理的にはすでに述べた年齢の査定法と同じであるが，推定の精度が年単位から季節単位に細かくなるため制約条件が多く，適用できる種や形質は限定される。

出生時期と成長の速度・パターンがある程度一定している種類では，成長に伴う形態やサイズの変化が季節と一定の対応関係をもつことになる。新美は冬期に捕獲された若齢期イノシシの歯列が一定の萌出パターンを示すことを確認し，これを伊川津貝塚産の遺体と比較した結果，その猟期が冬を中心としながらも周年にわたった可能性を指摘した[5]。貝類・魚類は初期成長の速度が大きいため，サイズが死亡季節の大まかな目安になる場合がある。こうした形態学的方法は，適用範囲が成長の速い若齢期の個体に限られるのが欠点であり，この点では終生連続的に形成される年齢形質を利用する方が有利である。

年齢形質を利用した方法は，ハマグリなどの二枚貝類の殻[6]，クロダイなどの魚鱗[7]，シカの臼歯セメント質[8]などで応用されている。これらの成長層中に見られる最終年輪から外縁までの成長量は，年輪形成期から死亡までの経過時間を反映しているので，これを調べることによって死亡季節を推定できる。とくにハマグリなどの浅海性二枚貝類では日周期や潮汐周期で微細な成長線が形成されるものが多いので，日単位での死亡時期の推定が可能な場合もある。

このほか，毎年秋に完成し春に脱落するシカの角は，手軽に利用できる季節形質として広く利用されている。

活動空間 出土遺体の生息環境は，交易による搬入物を除けば，遺跡住民の行動圏内に存在した環境を反映している。こうした情報は，遺跡周辺の環境復原および行動圏の復原という二つの方向性で利用されている。

出土遺体から環境復原を試みた研究としては，貝塚の分布や貝類の生態から海岸線・沿岸環境を推定した東木竜七や江坂輝彌の古典的研究が著名だ。近年では沖積層の古環境学的分析によって考古資料とは独立に環境復原がなされるようになったが，土器編年によって詳細に年代付けられた遺跡出土の遺体資料は，今日でも環境指標としての有効性を失ったわけではない。

一方，出土遺体は捕獲・運搬という人間行動を介してもたらされたものであるから，その生息環境は本質的には人間の行動空間を示すものといえる。したがって，遺跡周辺の環境が別個に復原されている場合には，これと出土遺体の生息環境とを比較検討することにより，活動空間の広がりを推定できる。小杉らは縄文前期奥東京湾の沿岸環境を珪藻分析によって復原し，貝塚の貝類相と比

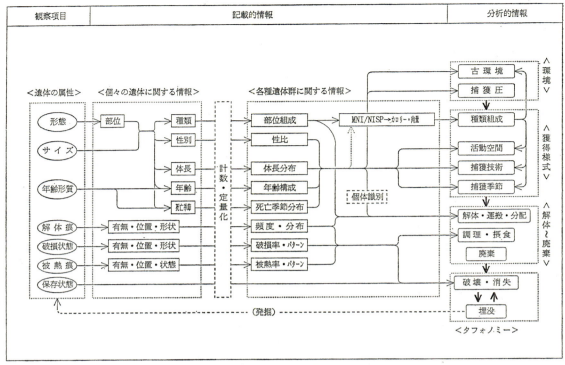

図 1 貝塚出土動物遺体の属性観察から得られる情報のおおまかな流れを示す模式図
横の流れは分析の手順を，分析的情報における縦の流れは動物遺体の形成過程を示す。遺体の属性観察から導かれた個々の遺体に関する情報は，定量化を経て種ごとに遺体群レベルの情報にまとめられる。ここでは，これらの遺体の属性から直接に導かれる情報を「記載的情報」とした。種ごとの記載的情報はさらに総合され，古環境・現生種の生態・民族誌的情報などの補足情報（本図では割愛）との比較対照を通じて，遺体の形成過程とそこに関与した人間行動に関する情報（ここでは「分析的情報」とした）が導かれる。

較した結果，当時の主要な採貝領域は遺跡の近接海域にあったことを明らかにしている[9]。

また，遺跡付近で入手不能なことが明らかな種類から交易圏を推定する方法は古くから用いられている。

捕獲技術 動物遺体のみから捕獲技術を具体的に推定することは通常難しいが，捕獲に用いる道具や方法は獲物のサイズ・年齢などに反映されるので，こうした情報は重要な参考資料となる。とくに魚類ではサイズ分布が獲得技術の推定に有効である。例えば石川は，水産学における漁獲選択性（漁具と漁獲物のサイズの関係）の研究成果をモデルとして，釣針とマダイ・クロダイ遺体のサイズを比較し，両者の対応関係を分析している[10]。また，漁具遺物が無い場合でもイワシなどの小型魚類の豊富な出土から網漁の存在を想定できるようなケースもある[11]。哺乳類では年齢構成や性比が参考になる。縄文例ではないが，北海道オンネモト遺跡（オホーツク文化）ではシカ遺体がメス成獣と1年目の冬の幼獣で構成されていることから，越冬地での子供連れのメスグループが trapping によって捕獲されたものと推定されている[12]。

3 解体・運搬・分配・調理

捕獲された獲物が人の口に入るまでのプロセスについては，遺体の解体痕や部位組成の分析，個体識別分析などからアプローチがなされている。

解体痕分析 遺跡産の哺乳類遺体には，解体の際に残された損傷（解体痕＝切傷や破損など）がしばしば認められる。こうした遺体の損傷の位置や頻度は，骨格・筋肉系に関する解剖学的知識と突き合せることによって解体技術を推測する手がかりとなる。福井県鳥浜貝塚のシカ・イノシシ遺体の損傷パターンを分析した本郷は，これらの解体パターンが頭と四肢を切り取るという解体作業に一般的な基本手順に従っていたこと，シカとイノ

シシでは腰・大腿部や四肢下半部の扱いに相違があることなどを明らかにしている[13]。また，縄文時代のシカ・イノシシ遺体では骨髄を豊富に含む骨の大半が打ち割られており，骨髄食の重要性を物語っている。貝類では，肉を摘出した際のものと推測される破損が見られることがある。

なお，貝塚から出土する貝・骨には被熱痕を残すものがしばしば見受けられ，これを調理技術と関連させる解釈もあるが，調理方法と被熱痕の関係については不明な点が多い。

部位組成分析　部位組成，すなわち各部位ごとの出土数の割合も重要な情報である。林は千葉県貝ノ花貝塚出土のシカ・イノシシ遺体の部位組成が特定の部位や左右に偏りを示す現象を，共同狩猟に伴う他集落との分配の結果として解釈している[14]。また，縄文貝塚産のシカ・イノシシ遺体では一般に頭部や四肢が多く椎骨が少ないが，こうした傾向は集落に持ち込まれた部位の偏りを反映している可能性もある。魚類については体系的な研究は行なわれていないが，種によって部位組成に特徴があり，解体様式を推定する上で比較的有力な情報と思われる。極端な例としては，クロダイ・ボラ遺体の大半を鱗が占め，鱗落しなどの作業場と推測されている東京都伊皿子貝塚のようなケースもある[15]。なお，後述するように廃棄後の遺体は様々な要因によって変質・消失するので，部位組成の解釈にはこれらの要因も考慮にいれた多角的な分析が必要である。

個体識別分析　出土遺体の中から同一個体に属する骨を識別できれば，それらの遺跡内における分散状況を調べることで，解体・分配に関する情報が得られるはずである。個体識別を行なうためには，特定の個体を他と判別する形態的特徴を現生標本の観察に基づいて把握しておくことが前提となる。平口は現生イルカ類上腕骨の計測値の左右差が 1 mm 以内に収まることに基づいて，石川県真脇遺跡出土の同部位の個体識別を試みた結果，左 56 点，右 60 点中，同一個体と判定されたのはわずかに 2 対であった。平口はペアが少ない理由を，個体識別の方法，資料採取法，廃棄後の移動・消失，分配・利用の諸側面から検討しているが，決定的な解釈には至っていない[16]。

以上のように，解体から消費に至る過程を考古学資料から復原する方法は，多くが今後の課題として残されている。とくにこうした行動が遺体群

の属性にどのように反映されるかというミドルレンジの研究，および後述するタフォノミー研究の必要性が今後いっそう高まるものと思われる。

4　ヒトと資源の関わりあい：捕獲圧

獲物を捕れば，獲物の数はその分減少する。捕獲数が獲物の自然死亡数に比べ充分に小さいときは資源に大きな影響はないが，捕獲数が増加すると資源の年齢構成は一般に若齢化の傾向を示すようになり，さらに資源の再生産能力を上回る捕獲が加えられると資源は減少し，乱獲状態となる。

小池・大泰司は，現生シカ個体群のデータに基づいて自然（非狩猟）個体群の生存曲線と狩猟限界（資源の維持が可能な狩猟率の限界）をシミュレートし，遺跡出土のシカ遺体の年齢構成から推定された生存曲線と比較して狩猟率を推定した。この結果，縄文早前期から後晩期にかけて狩猟圧が増加し，後晩期には狩猟限界に近い捕獲が行なわれた可能性を指摘している[12]。

このような研究は，動物学者・生態学者が動物遺体の研究に積極的に参画するようになった最近10年間の新しい方向性といえる。一部の批判に見られる通り，小池らが主張する狩猟圧の傾向的増加が縄文時代に実際に存在したかどうかはさらに分析例を蓄積してから判断すべきであろうが，この問題自体は方法論の有効性を否定するものではない。また，狩猟の際の性・年齢の意図的な選択の可能性をどう解決するかといった方法論的な課題も残されているが，捕獲する側（人間）だけでなく，される側（資源）の視点も含めた生態学理論から明らかにされる縄文時代のヒトと自然の関わりあいのあり方は，その具体性，客観性において資源保護に関する従来の観念的な縄文人観と一線を画すものであり，環境と人間の共存のあり方が問われる現代社会に対しても今後大きな示唆を与えるものと期待される。

5　タフォノミー

これまでは，遺体が人間の廃棄物であることを前提として話題を進めてきた。しかし，遺跡から出土する貝殻や骨は必ずしも人が利用し捨てたものとは限らない。一方，遺跡内に持ち込まれた獲物は，消費・廃棄され埋没していく過程で様々な要因の影響を受け消滅・変質していく。こうした遺物の出自と変遷過程の研究はタフォノミーと呼

ばれ，わが国の動物遺体研究でも，近年その重要性が認識されるようになってきた。

わが国の場合，洞穴・岩陰遺跡はさておき，通常の貝塚遺跡で遺体が人間によってもたらされたものか否かが問題となることは少ないが，ネズミやヘビなど遺跡内にも生息する動物については自然死遺体か否かの判定が難しい場合が多い。また，鈴木らは宮城県宮野貝塚出土のイワシ類椎骨に完形品が多いことから，これらがカツオ・マグロなどの胃内容物として遺跡にもたらされた可能性について検討している[17]。最近では低湿地性貝塚の調査の増加に伴って，自然貝層か貝塚かが問題となるケースも見られるようになってきた。この場合，遺体が人間の廃棄物か自然死遺体かだけでなく，堆積の営力が水流や波などの自然作用か人為作用かも問題となるが，堆積物の属性からこれらを判別する方法については今後の課題として残されている。

遺体の変遷過程については，人間や家畜の摂食・消化が骨に与えるダメージについて実験的手法による研究が行なわれている。袁らは茨城県於下貝塚出土の哺乳類遺体に見られる咬痕を分析するに当り，ブタ・ウシの骨をイヌに食べさせてそのダメージを調べた結果，四肢骨の骨端や椎骨の多くが消失すること，損傷パターンは出土遺体とよく一致し，遺体の形成過程でイヌが大きく関与している可能性があることを示した[18]。魚類については，イヌやヒトなどがニシンなどの中型魚を骨ごと食べた場合，骨の約9割が消化によって消失することが報告されている[19]。

このように骨の変質・消失要因は，遺体の種構成，サイズ分布，部位組成などに多大な影響を与え得ることが明らかになりつつあり，生業の問題——とくに定量化や解体・分配などを取り扱う際には避けて通れない問題となっている。

6 おわりに

動物遺体から得られる情報としては，この他にも堆積環境，儀礼，家畜化の問題などが挙げられるが，これらを取り上げる余裕はなくなった。動物考古学の分析技術は1970年代以降，動物学・生態学分野との共同研究や概念の導入により大きく進歩した。今後は，現在個別的に行なわれている諸分析をいかにして総合化し，縄文人の生活の全体像を再構成して行くかが大きな課題となるも

のと思われる。

註
1) 大泰司紀之「遺跡出土＝ホンジカの下顎骨による性別・年齢・死亡季節査定法」考古学と自然科学，13，1980
2) 林 良博ほか「日本産イノシシの歯牙による年齢と性の判定」日本獣歯学雑誌，39，1977
3) 大塚裕之「鹿角の年齢査定の試み」国立歴史民俗博物館研究報告，29，1991
4) わが国では，小池がピット内貝層のハマグリにこの手法を適用し，推定値と実際の個体数から貝の残存率を求めている。小池裕子「ハマグリの貝合わせ——堆積状態の復原と個体数推定の1つの方法として」船橋考古，6，1975
5) 新美倫子「愛知県伊川津遺跡出土＝ホンイノシシの年齢及び死亡時期査定について」国立歴史民俗博物館研究報告，29，1991
6) Koike, H. "Seasonal Dating by Growth-line Counting of the clam *Meretrix lusoria*" the University Museum, University of Tokyo, Bulletin 18, 1980
7) 丹羽百合子「伊皿子貝塚出土の魚鱗」『伊皿子貝塚遺跡』1981
8) 松井 功「＝ホンシカ・イノシシ年齢査定と死亡季節の推定」『千葉市神門遺跡』千葉市教育委員会ほか，1991，など
9) 小杉正人ほか「古奥東京湾周辺における縄文時代黒浜期の貝塚形成と古環境」考古学と自然科学，21，1989
10) 石川隆司「縄文貝塚出土釣針における漁獲選択性の応用（試論）」法政考古学，10，1985
11) 鈴木保彦・小宮 孟「菊名貝塚出土の文化遺物と自然遺物」神奈川考古，2，1977
12) Koike, H. and N. Ohtaishi "Estimaion of Prehistoric Hunting Rates based on the Age Composition of Sika Deer (*Cervus nippon*)" Journal of Archaeological Science 14, 1987
13) 本郷一美「哺乳類遺体に残された解体痕の研究」国立歴史民俗博物館研究報告，29，1991
14) 林 謙作「貝ノ花貝塚のシカ・イノシシ遺体」北方文化研究，13，1980
15) 港区伊皿子貝塚遺跡調査団編『伊皿子貝塚遺跡』1981
16) 平口哲夫「動物遺体個体別分析の諸問題」国立歴史民俗博物館研究報告，29，1991
17) 鈴木公雄ほか「三陸産カツオの胃内容物の調査」『自然科学の手法による遺跡・古文化財等の研究 昭和53年度次報告書』1979
18) 袁靖ほか「動物遺存体」『於下貝塚』麻生町教育委員会，1992
19) Wheeler, A. and A. K. G. Jones "Fishes" Cambridge University Press. 1989

縄文の生業動態と食性分析

埼玉大学教授 小池裕子 (こいけ・ひろこ)

人口増加→食糧危機→貝塚の形成という貝塚貧乏論を，生業動態の示す捕食圧と食性分析から推理する

1 生業動態分析について

縄文文化を海外の先史時代採集狩猟民の文化と比較すると，(1)縄文時代人は生業戦略として，野原や林，河川や干潟から海洋まで複合的な環境から食糧資源を幅広く選択していること，(2)その結果ある地域では特定の時期になると，自然採集狩猟民としてほぼ最高レベルまで遺跡密度が高くなる，ことなどが特徴として挙げられる。

約10,000年間の縄文時代の歴史のなかで，縄文人の生業戦略の基盤となる生活技術の諸要素はかなり早い時期から出現している。このことは縄文文化の生活技術の体系が縄文早期ころまでにほぼ完成していたことを示唆している。縄文人の生業戦略を複合的食物対象に対する多様な捕獲管理技術を含む生活技術の全体システムと捉えるならば，縄文時代早期以降各時期にみられる生活文化の変遷は，その時々の地域集団の人口の増減および地域環境における食糧資源の状況に応じて，幅広い縄文文化の生業戦略システムのある特定の要素を選択採用した結果とも考えられる。

(1) 人口動態・パレオバイオマス・捕食圧

生業動態分析（Koike，印刷中）は，人類個体群の人口状況を調べながら，食料資源の供給状況がヒト個体群の生業活動に及ぼす影響を解析しようとするものである（図1）。生業動態分析は，(1)対象地域の人口の増域を正確に把握する人口動態分析，(2)当時の食糧対象となった動植物について，それらの生物資源量（バイオマス）を復原するパレオバイオマス分析，(3)人口動態と食糧資源のバランスの指標となる捕食圧の推定，という3つのプロセスから構成される。

生業動態分析を日本の縄文時代に応用するには，まず正確に対象地域の人口動態を復原することから始まる。その人口動態にはまず第1近似として遺跡密度が用いられ，たとえば日本第四紀地図（1987）には縄文中期の遺跡密度が描かれた。特定地域を対象にした場合には，調査地域の集落遺跡数ばかりでなく集落規模を推定し人口動態を推計することも必要であろう。

第二段階の，パレオバイオマス分析（Koike, 1986）は単に集落周辺の景観として環境を復原するのではなく，先史時代人の生活を大きく左右した食糧資源を量的に復原しようとするのが特徴である。ここでは誌面の都合でデータは提示できないが，たとえば貝類資源の場合には古海水温変動や貝類の餌である珪藻の組成などが基本データになる（小杉ほか，1989）。狩猟動物の場合には花粉分析や植物珪酸体分析に基づく餌植物の分布が，狩猟動物の生息密度の重要な要因となる。

先史時代の食糧資源に対する人口動態の状況を知るには，両者のバランス関係を示す"捕獲圧"がよい指標となる。捕食圧は出土動物遺体の年齢構成から推定され，狩猟が行なわれていない奈良公園や金華山島の保護個体群では老齢個体が多いが，狩猟によって生残率が減少すると老齢個体が減少し若齢獣が卓越する年齢組成になる。

このような捕食圧の時代変化の例として，ニホンジカの下顎歯から遺跡ごとの年齢構成を復原し生残率を算定したものを紹介する（図2：小池，1992）。帝釈峡旧石器時代相当の自然堆積層準と縄文層準・石山貝塚・鳥浜貝

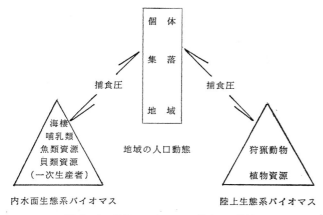

図1 人口動態，バイオマスと捕食圧の関係

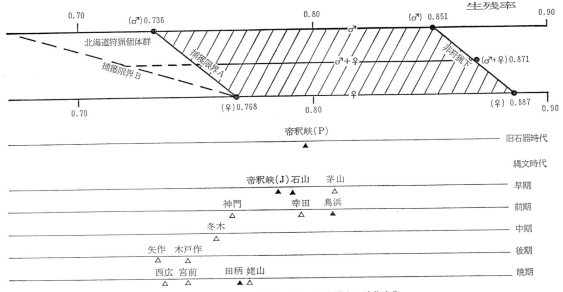

図2 ニホンジカ年齢構成にもとづく生残率の時代変化
捕獲限界Aはオス・メス同比で捕獲した場合，捕獲限界Bはオスの割合を多く捕獲した場合の捕獲限界

塚などでは，捕獲限界よりもかなり高い生残率で，捕食圧はさほど高くない状況にあったと推察される。生残率が非狩猟下のラインに近い場合には当時の人々が必要とした頭数に対しシカ資源は比較的豊富であったと推測される。

神門(ごうど)遺跡・冬木(ふゆき)貝塚・姥山(うばやま)貝塚・田柄(たがら)貝塚では，捕獲限界Aに近い生残率を示し，また木戸作(きどさく)貝塚・矢作(やはぎ)貝塚・宮前(みやまえ)貝塚・西広(さいひろ)貝塚では，捕獲限界Bに達する生残率を示した。生残率が捕獲限界Aを越えた場合には高い捕食圧のもとシカ資源が減少しないよう狩猟に対する種々の規制が強くなったと推察される。シカ資源のような基本食糧が限界状況に達した地域集団は，次に述べる安定期型集団の典型と考えられる。これらの遺跡が多数の貝塚が形成される関東地域の縄文後晩期に属するのは興味深い。

（2） 食糧対象種の選択性

図3に食糧資源に対する人口密度の状況を示す。地域環境が提供する食糧資源（環境収容力）が地域人口の必要量を充分みたしている"増加期型集団"では，豊富な食糧状況のもと，人口は生息域の環境収容力レベルまで順調に増え続ける。環境収容力にほぼ達した"安定期型集団"では，食糧不足が乳幼児の生残率を減少させ，人口を一定レベルに調節している。この安定期型集団では個体間の緊

張が増し順位制やなわばりの発達が特徴である。

このような食糧状況の影響はまず，先史時代の採集狩猟民の食糧の選択性に現われてくる。増加期型集団の人々は，栄養価が高くおいしい"グルメ食物"をまず選択し，次いで採取効率がよく，年間変動が少なく資源的安定な"主要食物"が主体的な食糧になる。人口が増加し，捕獲圧が高くなると，一般に高い再生産力をもつr戦略型生物の"従属的食物"が食糧対象に加わってくる。日

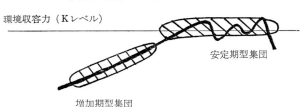

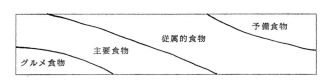

図3 増加期型集団と安定期型集団における食糧選択の状況

本の狩猟獣の中では1年1仔のニホンジカよりもイノシシや小型獣，あるいは潮間帯の生物がr戦略型生物に相当する。さらに食糧状況が緊迫してくると，身近であるが栄養価が低いなど欠点をもつ"予備食物"が採取されるようになる。次にこのような食糧の選択性を復原するのに有効な食性分析について紹介したい。

2 食性分析

先史時代の採集狩猟民に関する食性復原には，従来から様々な方法を用いて研究されてきた。貝塚や低湿地性遺跡から出土した動植物遺体は食物残渣として種同定され，詳細な食物リストが作られてきた。近年ガスクロマトグラフィー（GC）やガラスクロマトグラフィー質量分析機（GC-MS）の出土遺物への応用が，微量ながら残存していた脂質などの化学物質の同定を可能にした。また人骨は骨中コラーゲンの安定同位体測定によって，新たに食性分析の有望な研究対象になった。

このような様々な食性分析の方法は，それぞれ長所と短所がある。食物残渣としての動植物遺体を用いた場合には，保存状態や解体・処理方法が食物対象種によって異なり，実際彼らが口にした食物内容を量的に復原することは困難であるが，保存状態によっては種レベルの同定が可能で多くの情報が得られる。糞石や土器など調理用具の脂質分析は1〜数回分の食事内容を反映するなど時間的分解能が高いが，化学物質として変質・分解を受け多くの場合植物・陸上動物・水産動物といった推定しかできない。人骨の安定同位体分析は数年間その個体が食した蛋白源の平均同位体比を正確に推定することができるが，やはり植物・陸上動物・水産動物といった分解能しかなく，また人骨コラーゲンには食物中の蛋白源の情報しか含まれていない。

そこで，これらの分析法を組み合わせて食物3大栄養素にそって食性を復原することにしたい（図4：Koike and Chisholm, 1991）。蛋白質源は人骨からコラーゲン蛋白を抽出し炭素安定同位体と窒素安定同位体を測定して推定される。脂質源は土器や焼石など調理用具や糞石などを用い，抽出された脂肪酸やステロールの組成によって推定される。また炭水化物源は，クッキー状炭化物や土器付着物の脱脂後の炭素安定同位体測定によって

3大栄養素	食性分析法	対象遺物
糖質 （炭水化物・繊維）	炭化物中の $\delta^{13}C$ 測定	クッキー状炭化物 土器内面付着物
脂質	脂肪酸組成 ステロール組成	土器内面付着物 土器片・焼石
蛋白質	コラーゲンの $\delta^{13}C$ 測定 　　　　　 $\delta^{15}N$ 測定	人骨

図4　食物3大栄養素と食性分析の方法と分析対象

推定される。

（1）炭素同位体による炭水化物源の推定

食性分析に用いられる炭素同位体比は，通常の炭素 ^{12}C に対するその安定同位体 ^{13}C の比を指し，標準試料 PBD からの千分偏差として，$\delta^{13}C$（‰）で表わされる。炭素安定同位体比法の原理や分析方法は『考古学と自然科学』20巻などに紹介してあるので，ここでは食性分析のためのスケールとしての $\delta^{13}C$ 値のみ紹介する。

日本産野生有用植物約50種の $\delta^{13}C$ 値を測定した結果，ヒエ・キビ・アワの3種類が日本産栽培植物の中で C4 植物と同定された（代表値は−13.5‰）。それ以外の高等植物の大半が C3 系サイクルの光合成経路を持つ C3 植物で，イネ・ムギ・ソバなどの栽培植物もこれに含まれた。$\delta^{13}C$ 値は−28〜−23‰にばらつくが代表値は−26.5‰である。

図5に炭化物と土器付着物の $\delta^{13}C$ 測定値を示す。山形県押出遺跡のクッキー状炭化物や石川県米泉遺跡の炭化物の $\delta^{13}C$ 測定はほぼ C3 植物の範疇に入る値を示し，C4 植物の存在を示唆する値はまだ得られていない。

土器内面付着炭化物はおおよそ3つの $\delta^{13}C$ 値に大別される傾向がみられた。−27〜−28‰と大きく負に傾く値を示した付着炭化物は，強く植物性起源であることが示唆され，いずれも米泉遺跡の晩期精製深鉢土器から採取された試料であった。それ以外の大半の土器付着物はそれよりやや軽い値を示し（−24〜−25‰），時期・器形も種々であった。このような値は数％の水産性食糧の混在，あるいは数十％の陸上性動物の混在など様々な要因が考えられる。一方真脇遺跡から出土した新崎式と朝日下層式土器の付着物の $\delta^{13}C$ 値は−20〜−21‰で，水産性食糧の存在を強く示唆する値であった。

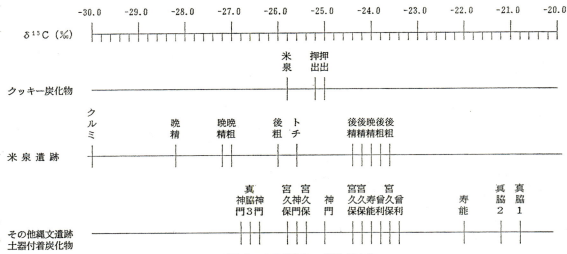

図5 炭化物と土器付着物の $\delta^{13}C$ 測定値
米泉遺跡の炭化物試料は後期精製土器(後精)・粗製土器(後粗),晩期精製土器(晩精)・粗製土器(晩粗)から採取された土器付着物。また真脇1は新崎式土器,真脇2は朝日下層式土器,真脇3は新保式土器に付着していた炭化物試料

(2) $\delta^{13}C \cdot \delta^{15}N$ 測定による蛋白源の推定

人骨中のコラーゲン残存量は保存状態によって異なるが、一般に肋骨数 cm,骨重量にして1〜2g あれば十分である。試料の脱灰には,DNA分析(宝来,1992)のためにもセルロースチューブを用い,1mm 以下の細粒に粉砕した人骨試料を 0.1M EDTA 緩衝液を外液として透析しながら脱灰した。

安定同位体分析の標準値を得るため、水産動物と陸産有用動物約 80 サンプルを測定した。飼育動物とその食物の $\delta^{13}C$ 値には従来から知られている約 1‰ の差をもつことを支持した。つまり C_3 系植物 (−26.5‰) を食べている草食動物はその植物より 1‰ 高い −25.5‰ が代表値となる。

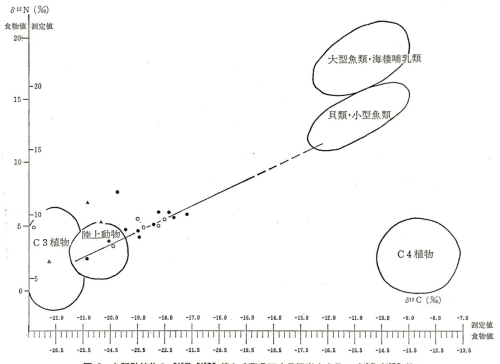

図6 各種動植物の $\delta^{13}C \cdot \delta^{15}N$ 値と千葉県西広貝塚出土人骨の $\delta^{13}C \cdot \delta^{15}N$ 値

水産動物の場合は，植物プランクトン，動物プランクトン，小型魚，中型魚，大型魚と複雑な食物連鎖を経るので，貝類の平均値は −15‰，魚類は −14〜−13‰ であった（小池・中島・中井，1988）。

一方 $\delta^{15}N$ 値に関しては，大気の窒素を固定する根粒菌と共生している豆科植物の $\delta^{15}N$ 値は 0‰ 前後であるが，根から吸収した可給態窒素を利用する一般植物の場合は土壌の $\delta^{15}N$ 値によって大きくばらつき −2〜+7‰ の値をとった。$\delta^{15}N$ における食物とその消費者の差は 3.5〜5‰ と大きいのが特徴である。一般陸上植物を食べた動物は +3〜10‰ となるはずであるが，実際の測定値は +3〜+5‰ に収斂する傾向を示した。干潟の貝類や小型魚の $\delta^{15}N$ 値は +10〜+15‰，大型魚や海棲哺乳類になると +20‰ という高い値も記録された。

図6に千葉県西広貝塚出土人骨の $\delta^{13}C \cdot \delta^{15}N$ 値を示す。2例をのぞき縄文時代後期の人骨 16例の $\delta^{13}C \cdot \delta^{15}N$ 値がほぼ回帰直線上にのる傾向を示した。このような分布は蛋白源の主体となった陸上食物と水産食物の $\delta^{13}C \cdot \delta^{15}N$ 値がほぼ固定されており，個人差は主に陸上食物と水産食物との比率によって生じたためと想像される。

図7，図8に北海道出土人骨と本州縄文人骨の $\delta^{13}C \cdot \delta^{15}N$ 値を示す。オホーツク文化期に属する大岬遺跡人骨の $\delta^{13}C$ 値は，食物推定値に換算して −18.3〜−16.5‰ とその蛋白源の大半を水産食糧から得ていたことを示した。このような $\delta^{13}C$ 値は，グリーンランド・スカンジナビア半島・カナダ西海岸の先史時代採集狩猟民に並ぶ高い水産依存性である。

サハリンアイヌ人骨の $\delta^{13}C \cdot \delta^{15}N$ ラインは北海道先住民に比べ $\delta^{15}N$ が高い傾向がみられ，陸上草食動物や海棲哺乳類など栄養段階の高い動物の割合が高かったと推定された。

なおサハリンアイヌや浜東栄遺跡の近世アイヌ人骨にみられるように，北海道の先住民遺跡の人骨の $\delta^{13}C$ 値には男女差がみられ，男性の $\delta^{13}C$ 値は一般に個体変異が大きく，とくに数例の男性が大きく陸上食物よりの値を示した。アイヌの民族誌によると（煎本，1988），漁猟は集落の老若男女それぞれ協力して行なうが，狩猟は男性に限られると記載されており興味深い。

一方本州の縄文時代人骨の遺跡平均 $\delta^{13}C$ 値は，−19.4〜−24.0‰ で，蛋白源の 10〜50％ が水産

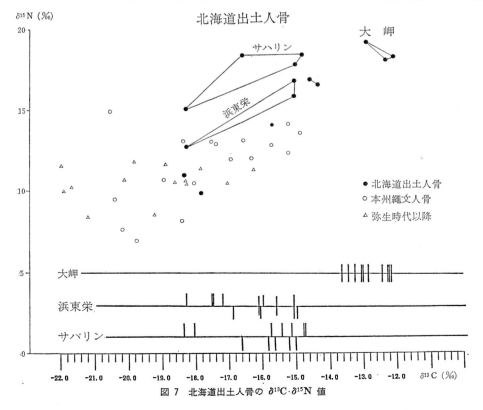

図7　北海道出土人骨の $\delta^{13}C \cdot \delta^{15}N$ 値

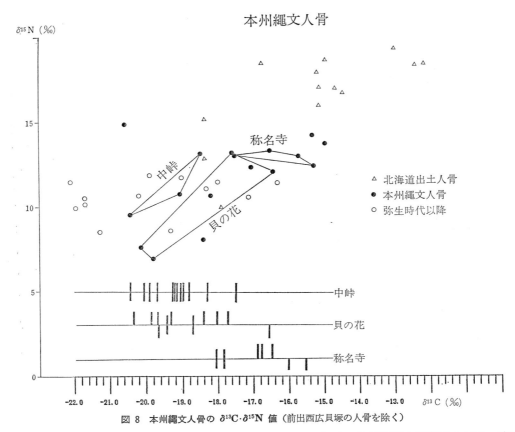

図8 本州縄文人骨のδ¹³C・δ¹⁵N値（前出西広貝塚の人骨を除く）

資源から供給されたと推定され，広い地域変異と時代変異を示唆した。本州縄文人骨のδ¹³C・δ¹⁵Nラインにも変異があり，貝の花遺跡出土人骨は陸上食物では動物の割合がさらに減少し，水産食物では貝類など栄養段階の低い食物を蛋白源としていたと推定された。

（3）脂質分析

脂質分析は非破壊法であり，微量ながら抽出された化合物でも同定が可能であるので，その点考古遺物の分析には適している。しかしながら土壌中に堆積していた間におこる混入や変質を充分考慮しなければならない。まず周囲土壌の脂質の混入についてであるが，土壌はその上に繁茂した植物分解物が集積しており，脂肪酸のみならずステロールの含量もかなり高い。土器から抽出された脂質が，その土器自身のものであることは，1）遺物からの脂質抽出率が周囲の土壌に比べ充分高いこと，2）土器の脂肪酸・ステロールの組成が周囲の土壌とは異なる特有の組成を示すことを確認することが必要である。とくに貝塚や住居址内覆土の土壌は食物残渣などの脂質が付加され，脂質抽出率が非常に高いことがあり注意を要する。

また土器の残存脂質は使用時の加熱・廃棄，埋没までの外気との接触，土壌中での分解・変質など，さまざまな過程の中で時間とともに減衰し変質する。脂肪酸の加熱実験（60℃）では，8日後に高級不飽和脂肪酸は元の1/5〜1/2に減少した。実際出土遺物の脂肪酸組成は現生動植物のものとは明らかに異なり，飽和脂肪酸（$C_{n:0}$）やモノエン酸（$C_{n:1}$）の割合が増加しており，脂肪酸組成をもとに動植物種を推定することは不可能である。

ステロールは脂肪酸に比べ比較的安定で，分解過程で他のステロール種に変成することはないので，少なくとも植物ステロールやコレステロール，エルゴステロールなどが検出されれば，植物・動物・菌類の存在を推定することができる。植物ステロールは数が多く，β-シトステロール（堅果類では90％以上を占める），スティグマステロール（緑葉部では40％内外），カンペステロール（若芽では30％前後を占める）のほか，クルミやマツの実など油脂分の多い堅果類にはコレステロールが10〜20％の高頻度で検出される。

脂肪酸組成では，$C_{20:4}$・$C_{20:5}$・$C_{22:5}$・$C_{22:6}$などの不飽和脂肪酸が検出された場合に

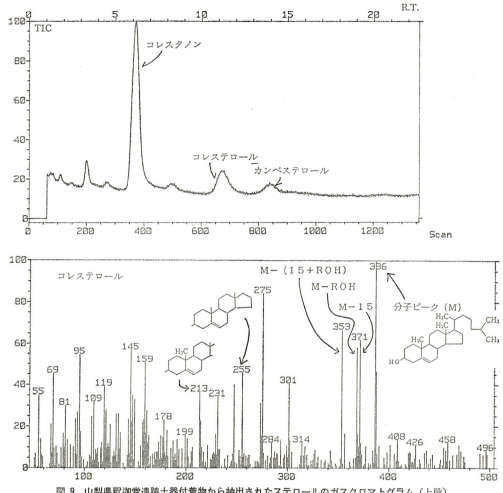

図9 山梨県釈迦堂遺跡土器付着物から抽出されたステロールのガスクロマトグラム（上段）とコレステロールの GC-MS スペクトル（下段）

は水産動物の存在が推定される。

釈迦堂遺跡出土土器付着物のステロールのGC-MS スペクトラムを図9に示す。コレステロール・β-シトステロールなどよくみられるステロールのほかに、コレスタンを高頻度に含み、土中に堆積していた間にステロール類の分解が進行していた。

次に土器片を用いた食性分析の例として栃木県西中核工業団地遺跡における一括土器の分析結果を示す（図10）。同一個体の土器でも口縁部のNo.1 と No.2 はよく似たステロール組成であったが、No.3 の底部では β-シトステロールの割合が増加している。一般に脂質抽出率は土器の胴部上半から口縁部にかけて高くなり、これは油分が水に浮ぶため煮汁上面近くに脂質がよく染み込んでいるためと考えられる。底部は火を受けすでに分解されていることも考えられ、また燃料からくる油脂も無視できず胴部下部では植物ステロールが増加する傾向がみられる。より正確に食性分析を行なうにはそれぞれの土器について調理のされ方、火の受け方を考慮しながら、分析部位を慎重に選定する必要がある。

土器に密着した土壌は"おこげ"の部分が土壌化しているので、時には非常に高い抽出率と明瞭なステロール組成を示すことがある。流れ込み土壌と土器片に密着した土壌を精密に採取することが条件で、これら土器内土壌を一括して分析したのでは、単に抽出率が下がるだけではなく、目的に合わない脂質も含まれ誤った結論に陥る危険性がある。また一括土器など保存の良い遺物はすべて洗浄注記してしまわずに、後の化学分析のために一部保管しておく配慮がほしい。

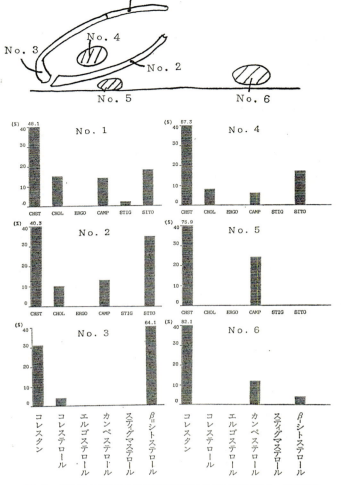

図10 栃木県宇都宮西中核工業団地遺跡 S-07 住居址出土一括土器の
ステロール組成
(No.1～3 は土器片, No.4～6 は土壌試料)

最近の脂質分析には一方的な解釈だけが一人歩きをしている感がある。分析者の側としては科学的な手順を踏むだけでなく，発掘者の分析の目的（作業仮説）を理解し試料採取がそれに対して適当かどうかを判断した上で分析すること，また発掘者の側としては，単に必要条件（ある食物が含まれれば，これこれが検出される）だけでなく，十分条件としてそれ以外の可能性が否定できているかどうかをよく検討した上で，その結果を用いる必要がある。

引用文献

Chisholm, B., 小池裕子・中井信之（1988）炭素安定同位体比法による古食性の研究. 考古学と自然科学 20：7-16

煎本 孝（1988）沙流川流域アイヌの文化人類学的情報に関するデータベース. 北方文化研究 19：1-96

宝来 聰（1992）ミトコンドリア DNA で探る日本人の起源. 科学 62-4：250-254

Koike H. (1986) Prehistoric Hunting Pressure and Paleobiomass. in "Prehistoric Hunter-Gatherers in Japan", The University Museum, The University of Tokyo, Bulletin 27：27-53

小池裕子（1992）生業動態からみた先史時代のニホンジカ狩猟について. 国立歴史民俗博物館研究報告 第42集：1-30

Koike and Chisholm (1991) Paleodiet of Hunter-Gatherers in Japan estimated by $^{13}C-^{15}N$ and Lipid Analysis. 第四紀研究 30：231-238

小池裕子・中島 徹・中井信之（1988）安定同位体と消化管珪藻分析による干潟食物網の解析について―現生生態学と古生態学の接点―. 日本ベントス研究会誌 37：1-10

小杉正人ほか（1989）古奥東京湾周辺における縄文時代黒浜期の貝塚形成と古環境. 考古学と自然科学 21：1-22

日本第四紀学会編（1987）『日本第四紀地図』東京大学出版会

特集 ● 貝塚が語る縄文文化

縄文貝塚から見た縄文人と生活

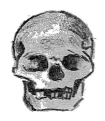

全国にある貝塚から見て，その分布と地域性，人骨，道具，食べカス，製塩はそれぞれ何を語るだろうか。縄文人の生活に迫る

全国の貝塚分布と地域の貝塚群／貝塚と貝塚に残された道具／土器製塩と貝塚／貝塚に埋葬された縄文人

全国の貝塚分布と地域の貝塚群

市立市川考古博物館
堀 越 正 行
（ほりこし・まさゆき）

貝塚の多くは比較的近傍の水域環境を反映しているが，海岸の発達過程の地域差によって分布の粗密や大小の差が生じる

1　貝塚の原則的理解

　貝塚は，原則的には，比較的近傍の水域環境を反映して形成されていると考えられる。このことは，貝塚の直近に常に依って立つところの水域環境があったことを意味するものではない。貝塚が自然そのものを反映するものではないことは，その一部を資源として選択していること，運搬していることなど，ヒトの意思と行動を反映したものであることを考えれば自明である。事実，船橋市海老ケ作貝塚や金堀台貝塚，四街道市前広貝塚などの千葉県北部の印旛沼水系上流域の鹹水系貝塚群は，それが自らの生産活動であった場合，分水嶺を越えて東京湾水系を下って採貝したとしか考えられず，その距離は，直線としても約 5〜11 km もの長い距離であったと推定される。とはいえ，貝塚の側が常に水産動物遺存体の示す水域であった訳ではないというのは，貝塚に対する原則的理解として肝に命じる必要はあるものの，実際の所多くの貝塚は，比較的近傍の水域環境を反映していると考えてよいであろう。

2　縄文時代の貝塚分布

　縄文時代の貝塚は，全国で約 2 千カ所近くあり，うち約 6 割は関東地方，約 2 割は東北・北海道地方と東・北日本に多く分布している。県別では，千葉，茨城，宮城，埼玉の順で，この 4 県で 5 割を超える。小川原湖〜八戸，三陸沿岸南部，北上川中〜下流域，阿武隈川下流域，磐城海岸，霞ヶ浦水系〜現利根川下流域（古鬼怒湾），東京湾〜荒川・江戸川下流域（奥東京湾），三河湾，伊勢湾，児島湾〜松永湾，有明海などが縄文貝塚の集中地帯として知られている。太平洋岸に多く，日本海岸に少ない。干満の差が少ない，単調な砂浜や岩礁の海岸線が続く，隆起ないし沈降が大きい海岸に貝塚は少ないようである。貝の繁殖に適した海岸をもつ入江の存在が，多くの貝塚の形成を促したといえよう。貝塚の分布には粗密があり，海の側だからといって，どこでも容易に貝塚が形成される訳ではないのである。

3　貝塚の群別と貝化石群集の区分

　金子浩昌氏は，表 1 上のように縄文時代の主要貝塚を主体貝種によって分類した[1]。一方，松島義章氏は，表 1 下のように縄文時代の海に生息していた化石貝類群集を区分した[2]。人間活動の一環として人為的に形成された貝塚と，貝類の生息条件によって形成された自然貝層の分類である。

35

表 1　貝塚からみた群別（上）[1] と貝化石群集からみた区分（下）[2] の比較
（ただし下表は 11 群に区分されたうちの貝塚に関係する群集を抜粋）

	外海系貝塚	内湾系貝塚				淡水系貝塚
底質	岩礁・砂泥質	砂（泥）底質			砂泥底質	泥底質
主体種	岩礁性小巻貝	アサリ	ハマグリ	イボキサゴ	マガキ・ハイガイ	汽水産貝種	淡水産貝種
群別	A	B	C	D	E	F	G

水域	沿岸水		内湾水		
位置	湾 の 外 側		湾中央部	湾奥部	河口
底質	岩礁	砂質	砂質	砂泥質	砂泥質
潮間帯 ―――― 上部浅海帯	外海岩礁性群集 サザエ アワビ クボガイ	沿岸砂底群集 チョウセンハマグリ・ダンベイキサゴ	内湾砂底群集 ハマグリ シオフキ イボキサゴ アサリ	干潟群集 マガキ ハイガイ オキシジミ イボウミニナ	感潮域群集 ヤマトシジミ カワザンショウ

両者を比較すると，金子分類は内湾砂底群集の貝で細かく，縄文人の重視した貝がどこにあったのかを教えてくれる。他方，沿岸水域は岩礁も砂浜も群別では一緒になっている。また松島分類の11群集のうちの5群集は貝塚の主体貝種として係わるけれども，表示しなかった6群集はほとんど主要なものとなっていない。その差は，縄文人の採貝場所の大部分は潮間帯であり，一部潮下帯（上部浅海帯）の上部に及んだ程度で，潮下帯の貝を積極的に採貝することは，外海や岩礁地帯を除いてほとんどなかったことを意味している。

4　海岸の発達

貝塚は，食料残滓としての貝殻を今日まで遺存している遺跡であり，貝のみならず魚などの水棲生物をも食料としていることが多い。縄文人の食料の対象となった魚類などの遊泳生物や貝類などの底生生物は，諸々の条件で大きく異なるが，重要な条件の1つに海岸・海底の相違があげられる。

縄文時代の貝塚がつくられた完新世前半の海岸は，現在に連なるものではあるが，似て非なる景観であった。最終氷期の最低海水準期に最も深く刻まれた河谷に向かって，地球の温暖化に伴う海面上昇が始まる。晩氷期海進（七号地海進）と完新世海進（有楽町海進）の2回にわたる海進である。後者は縄文時代前半に相当するので，縄文海進とも呼ばれている。約 6,000～5,000 年前，海水準は現在よりも数m高位に達し，安定した。その後，小海進と小海退を繰り返して現在の海水準

に至っている。

以上を 10,000～2,000 年前に限定するならば，Ⅰ. 海進期，Ⅱ. 高海水準期，Ⅲ. 海退期の3期に大別される。小杉正人氏[3] は，奥東京湾の研究に基づき，①急上昇期（9,000～6,500年前），②高位安定期（6,500～5,300年前），③海退期（5,300年前～現在）と時期区分している。これらの区分を縄文時代の時期区分に当てはめると，Ⅰは縄文時代早期前葉～後葉，Ⅱは早期末葉～前期前半，Ⅲは前期後半～晩期が該当する。

Ⅰの海進期は，谷に沿って海が浸入を続け，細長く入り組んだリアス式の海岸が形成された。狭いが水深のある海で，かつ1年あたり約 2 cm の海水面の急上昇であったため，海の浸入を阻止しえた河川は，搬出砂礫の多い黒部川・大井川などわずかであったという。したがって，日本列島の沿岸部の大部分は，水没による海岸線の後退が進行した時期であった。深い溺れ谷の湾中央部では，シルトや泥の堆積が進行する。一般に干潟の発達は悪く，長期間安定した海岸ではなかったと考えられる。

Ⅱの高海水準期は，Ⅰの海進期の到達点であり，リアス式海岸の最も発達した時である。海水面の停滞は，それまで阻止していた海岸線の海側への前進を許すことになり，デルタの前進と湾の浅海化を湾奥側から進めていく。内湾における泥底が次第に砂底化し，また干潟も安定化してくる。一方，砂丘地帯では，旧砂丘の形成が始まる。

Ⅲの海退期の海岸は，流れ込む河川の砂礫供給量の多少，陸地の固結度の違いなどで発達の仕方が異なる。関東平野，濃尾平野，大阪平野，広島平野など主な平野では，沖積上部砂層の堆積の様子から，河水によって搬出された掃流物資が三角州を急速に前進させ，湾域の埋積がすすめられ，海岸砂堆や自然堤防といった微高地と後背湿地の織りなす起伏に富む，かつ複雑な水域環境が併存していた[4]ようである。

東京湾における −10 m 以浅の海食台の形成，

つまり海食崖の後退は，高海水準期のみならず海退期にも進行したと考えられている[5]。東京湾・伊勢湾・大阪湾のように波の弱い内湾でさえ岬が未固結堆積層よりなるため，海食崖が2〜4kmも後退して滑らかな海岸線を作るに至った海岸もあれば，三陸・熊野灘・豊後水道など海食も埋め立ても遅々として進まない固結した岩石海岸も一方ではある。またリアス式の入江の湾口部に砂州・砂嘴を発達させ，潟湖や沼沢地を生成させた場合もある。他方，砂丘地帯では，旧砂丘の固定と，旧期クロスナ層の形成がすすむ。

以上，縄文時代の海岸の発達について概述したが，Iの海進期は，谷の深さや幅でこそ差はあるものの，一律にリアス式海岸の時期であった。しかし，IIの高海水準期以降は，埋没谷の体積の大小や河川の砂礫供給量の多少によって海岸線の前進・後退が異なり，陸地が未固結か固結しているかで浸食の程度が異なり，湾口が内湾か外洋に面するか，そして近くに砂礫供給量の多い河川や海食崖があるかで砂州・砂嘴・砂堤・砂丘の発達が異なるのであり，海岸の発達過程は地域差が大きい。またそこが隆起地域か沈降地域か安定地域かの違いも無視できない。これらが複雑に絡み合った事実こそが，日本列島における縄文時代の貝塚の集中と空白の差を生じさせた背景なのである。

5 海進期の貝塚

貝塚の形成は，縄文時代の特色の一つにあげられているが，それは，あくまでもこれまでに得られた資料による限り，という限定詞付である。というのも，1万年前以前の海岸は，現在の海岸より沖合の −30m 以深にあり，もし貝塚がつくられていたとしても，その発見はほとんど絶望的だからである。縄文時代早期前半の貝塚もそれに近い。

愛知県南知多町先苅貝塚は，−10m 前後に埋没していた押型文期の貝塚として知られている。約8,300年前，近くの谷が干潟となった時，ハイガイ・マガキなどの貝が採集され，貝塚が形成されたが，その後も海水準の上昇が続いて水没したものと復元されている。

同じく押型文期に瀬戸内海では幾つかの貝塚が知られている。岡山県牛窓町黄島貝塚では，下層はヤマトシジミを主体とし，上層はハイガイを主体としていたという。つまり，約8,400年前，紀

淡海峡─大阪湾─明石海峡─播磨灘と続く河谷に沿った海進が小豆島の北にまで達した時の，汽水域から鹹水域への変化を記録していたのである。先苅貝塚との大きな違いは，黄島貝塚は当時の丘陵の尾根に立地し，水面との比高差は 30m 以上はあったのに対し，先苅貝塚は水面との比高差 2m 前後の台地上にあったと考えられている点である。

わが国最古の鹹水系貝塚として知られている神奈川県横須賀市夏島貝塚は，約9,400年前の縄文時代早期前葉の貝塚である。当時の水面との比高差は 50m 以上，水平距離も 2km はあろうかという位置に形成されている，黄島貝塚に似た貝塚である。野島貝塚，平坂貝塚など周辺の早期貝塚も同様な在り方である。決して離島につくられた貝塚ではないが，比高差のある尾根や台地に立地してつくられた点が現存する縄文時代早期前半の貝塚の特色である。

海進期の貝塚は，①ヤマトシジミ主体の貝塚→②ハイガイ・マガキ主体の貝塚→③ハマグリ主体の貝塚の順に形成される。①は汽水域で，感潮域群集の貝，②は鹹水域の湾奥部の干潟群集の貝，③は鹹水域の内湾砂底群集の貝の生息域となったことを物語る。黄島貝塚は①→②，夏島貝塚は②→③の変化を記録している。わが国最古の貝塚である千葉県神崎町西之城貝塚や佐原市鴇崎貝塚，茨城県利根町花輪台貝塚など現利根川下流域の早期前葉の撚糸文期の貝塚も，①の汽水域であった頃の貝塚である。

6 高海水準期の貝塚

海水準の上昇が収まり，停滞期を迎えたのは，縄文時代早期後葉〜前期前半と考えられている。海進の進行＝河口の後退と共に汽水域，次いで鹹水域が内陸側に前進し，関東地方では東京湾側から奥東京湾，鹿島灘側から古鬼怒湾が形成されたのである。それまでの①→②→③の貝塚形成順の時間的変化が，最奥部の河口付近では①の貝塚，水深のある湾奥部の干潟泥底付近では②の貝塚，湾央〜湾口域では③の貝塚がつくられるという空間的変化に変貌する。この③の貝塚形成は，早くも早期中葉の沈線文期にはじまり，東京湾の夏島貝塚，古鬼怒湾の千葉県小見川町城之台貝塚の近くでは砂浜海岸が発達しつつあったようである。

縄文海進最盛期の東北地方北端や北海道の貝塚

表2　奥～現東京湾東岸における縄文時代貝塚の時期別主体貝種（堀越正行「東京湾岸の貝塚」神奈川県博物館協会々報，44，1981改編）

地域		早期末	前期前半	前期後半	中期	後期前半	後期後半	晩期前半
東京湾東岸　奥東京湾	群馬・栃木・茨城・古河市	ヤマトシジミ マガキ	ヤマトシジミ					
	茨城・五霞村		オキシジミ ハイガイ シオフキ		シオフキ オキシジミ	ヤマトシジミ	ヤマトシジミ	
	埼玉・杉戸町 庄和町北部 千葉・関宿町		ハマグリ ハイガイ サルボウ	アサリ シオフキ		ヤマトシジミ	ヤマトシジミ	
	埼玉・庄和町南部・松伏町 千葉・野田市		ハマグリ アサリ マガキ	マガキ ハイガイ ハマグリ	オキシジミ マガキ ハイガイ	ヤマトシジミ	ヤマトシジミ	
	千葉・松戸市		ハイガイ ハマグリ		ハマグリ サルボウ	ハマグリ サルボウ	ハマグリ オキシジミ	ヤマトシジミ
湾央	千葉・市川市	ハイガイ マガキ	ハマグリ シオフキ マガキ	ハマグリ ハイガイ マガキ	ハマグリ	ハマグリ イボキサゴ	ハマグリ オキシジミ	オキシジミ ハマグリ
	千葉・千葉市	ハイガイ	ハマグリ	ハマグリ	ハマグリ	ハマグリ イボキサゴ	オキアサリ ハマグリ	
	千葉・木更津市				ハマグリ	ハマグリ イボキサゴ		
湾口	千葉・富津市 館山市	レイシ				サザエ マツバガイ	スガイ	

━━：ヤマトシジミライン
══：ハマグリライン

では，現在生息する貝と共に，ハマグリ・シオフキ・ウネナシトマヤガイなど温暖種の貝が広く含まれ，海水温の上昇，つまり暖流の影響が指摘されている。仙台湾の亜熱帯種のハイガイの出現，東京湾の熱帯種の出現など，黒潮の北上による貝種の変化も全国レベルで進行したのである[6]。寒流（親潮）の影響を受けた貝種からなる貝塚は，一王寺貝塚・熊ノ林貝塚など青森県八戸市周辺に目立ち，北海道の太平洋沿岸では，温暖種と亜寒帯種の貝が共存していることから，当時の寒流は，北海道の太平洋沿岸の沖から青森県八戸市周辺に届く程度のものであったらしい。

前期の奥東京湾では，砂底化の進行と淡水の影響が貝種構成に変化を与え始めている（表2）。最奥部の河口付近では，①のヤマトシジミ主体の貝塚，鹹度の低い湾奥の砂底では④のシオフキ・オキシジミの貝塚，鹹度の高い地域では，ハイガイ・マガキの②の貝塚とハマグリ主体の③の貝塚がつくられるという変化がみられるようになる。と共に，下総台地側にアサリ，大宮台地側にハイガイが目立つという，台地構成層が砂が卓越するか泥が卓越するかの違い[8]が貝種を左右するに至る。

7　海退期の貝塚

海退といっても一様な海面の低下であった訳ではないらしい。房総半島では3,500年前頃[7]，仙台平野では約3,100年前[8]，知多半島の内海では約3,000年前[9]に小規模な海面上昇のあったことが指摘されている。考古学者の間では以前からこれは後期海進とか堀之内海進とかの名で呼ばれていた。その海進が堀之内期であるのかは不明であるが，後期に一時的な海進があったようである。知多半島の内海では2mを若干上回る高さと予想されている。千葉県市川市奉免安楽寺貝塚の加曽利B1—2式の時期の貝層は，その頃としては異例のハイガイ・マガキを多出しており，海進の影響が予想される[10]。少なくとも約3,500年前頃の小海進を東京湾で想定しておきたい。また約3,100年前の小海進も想定しておいたほうが，各地の砂浜海岸の砂堤・砂丘・クロスナ層の海面低下に伴う断続的な形成の説明に適合的である。

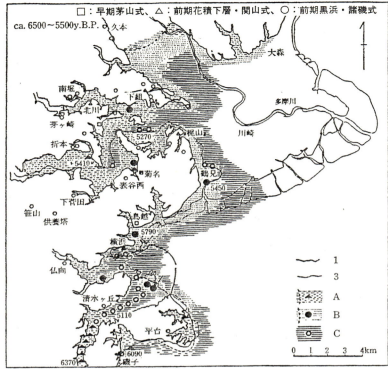

図1 東京湾西岸横浜付近の古地理と貝塚の分布（松島義章「貝からみた古環境の変遷—特に縄文時代を中心として」『新しい研究法は考古学になにをもたらしたか』1989より）
1：約6500～5500年前の海岸線，2：約4500年前の海岸線，3：1895年頃の海岸線
A：干潟群集とその生息域；海成層の分布範囲，B：内湾砂底群集とその生息域；海成層の分布範囲，C：内湾泥底群集とその生息域

　海面低下と湾の浅海化によって，遠浅の広い砂浜海岸が現出し，ハマグリ・アサリ・イボキサゴといった内湾砂底性主体の貝塚が，とりわけ大型貝塚となって各地で形成された。沿岸流の発達による波食台の形成を伴う海食崖の形成，砂州の形成は，この段階の大きな特徴である。

　奥東京湾では，①→④→③の貝塚の空間的変化が徐々に海側に前進していく。貝塚からみる限り，後期の堀之内期に①のヤマトシジミ主体の貝塚は茨城県五霞村付近から千葉県野田市中部まで南下している。珪藻化石群集による奥東京湾の海岸線移動の検討では，5,300～4,500年前に古河市付近から草加市北部まで後退した海域は，草加市付近で一時停滞し，3,500年前頃から再び後退し，2,000年前頃には現在の位置となって奥東京湾は消滅したという[3]。大きく2段階の海退があった訳だが，先の①の貝塚の堀之内期の南下は，珪藻分析の推定と合わない。利根川の荒川低地から中川低地への流路変更[11]の影響による南下の可能性もある。中期後半～後期前半は，東京湾側下総台地の馬蹄形貝塚群が多数形成された時期である。

　愛知県の伊勢湾奥の濃尾平野では，早・前期は②のハイガイ主体の貝塚，中期はハイガイとハマグリの貝塚，後期は③のハマグリ主体の貝塚と，②→③の変化を示すのに対し，三河湾西の知多湾に面する岡崎平野の知多湾奥の衣ヶ浦湾周辺では，早期から最

近までハイガイ主体の②の貝塚が形成され，内湾奥部の砂泥質の干潟群集の貝で安定していたし，矢作川流域では，前期から弥生時代まで③の内湾砂底群集の貝で安定していた[12]。つまり，高海水準期から海退期を通して安定した貝類を生息させた水域もあったのである。

8 内湾系以外の貝塚

外海系貝塚は，岩礁海岸の貝と砂浜海岸の貝の2者に分かれる。前者は各地に，後者は千葉県の九十九里浜と神奈川県の湘南海岸に分布するが，いずれも単純なものではなく，内湾の貝を含む場合が多い。前者は前期以降，後者は中期以降に目立つ。外海系貝塚は，貝よりも魚や海棲哺乳類に重きをおいていたようである。

淡水系貝塚は，湖沼と河川の2者がある。貝塚の数としては少ないものであるが，北上川中〜下流域の後期以降にとくに多い。イシガイ・カラスガイ・ヌマガイ・タニシ類などからなる。琵琶湖〜淀川流域でも，粟津貝塚などセタシジミを主体とする貝塚がいくつか存在している。しかし，今日知られている淡水系貝塚は，これらの地域以外ではほとんど無に近い。ここで付言すると，ヤマトシジミの貝塚を淡水系貝塚として，純淡貝塚とか主淡貝塚と称することがかつて行なわれていたが，これは誤りであり，ヤマトシジミの貝塚は汽水系貝塚とすべきである。これも全国的にみられ，全時期にわたるが，貝塚の少ない日本海沿岸の貝塚では，ヤマトシジミの貝塚が多い。

9 貝塚の性格

貝塚の大小は，採貝量の大小によって規定される。現在，大型貝塚の干貝加工場説[13]と，日常消費説[14]の2つの説が提出されている。問題は，貝を自家消費のみとしたのか，他者供給にも回したのか，直接消費のみとしたのか，保存加工もしたのかという点を，個々の貝塚で見極めなければならないところにある。これには，大貝塚の貝層が長期に形成されたのか，短期に形成されたのか，また1シーズン当たりの採貝量，特定貝への集中度などの検討が必要である。

実際に主体貝の示す水域とは異なる貝の出土することが多いことからみると，量の問題はさておき，殻付の貝も運ばれている状況が考えられる。魚介など水産物は，加工，未加工を問わず，かな

り頻繁に運ばれていたものと予想される。また厳冬の季節ならともかく，水産物の腐敗による廃棄を防ぐためには，食べ尽す以外は，早く搬出するか，何らかの加工をして保存するしかないのである。貝塚には，単に消費遺跡のみでなく，水産加工遺跡としての性格を兼ね備えた遺跡もあったと考えられる。集落とは離れた，より海岸に近い場所に，ほとんど貝殻しか出土しない貝塚，例えば東京都港区伊皿子貝塚，市川市奉免安楽寺貝塚，千葉市宝導寺台貝塚などは，明らかに特殊化した遺跡であり，貝の加工遺跡——それが自家消費用か他者供給を含むかは別として——という性格をもつものであろう。個々の貝塚遺跡が，どのような性格の遺跡であったのかを検討していく必要があろう。

註
1) 金子浩昌「貝塚に見る縄文人の漁撈生活」自然，35—2，1980
2) 松島義章『先史時代の自然環境』東京美術，1985
3) 小杉正人「完新世における東京湾の海岸線の変遷」地理学評論，62—5，1989
4) 井関弘太郎『沖積平野』東京大学出版会，1984
5) 貝塚爽平ほか「千葉県の低地と海岸における完新世の地形変化」第四紀研究，17—4，1979
6) 赤松守雄「北海道における貝塚の生物群集—特に縄文海進に関連して—」地球科学，23—3，1969
　　松島義章「日本列島における後氷期の浅海性貝類群集」神奈川県立博物館研究報告（自然科学），15，1984
　　石山　尚・小滝一三「縄文時代下北半島の海流」自然，35—10，1980
7) 横田佳世子「房総半島南東岸の完新世海岸段丘について」地理学評論，51—5，1978
8) 松本秀明「海岸平野にみられる浜堤列と完新世後期の海水準微変動」地理学評論，57—10，1978
9) 前田保夫ほか「愛知県先苅貝塚と縄文海進」第四紀研究，22—3，1983
10) 堀越正行「奉免安楽寺貝塚の提起する問題」史館，15，1983
11) 菊地隆男「関東平野中央部における後期更新世以後の古地理の変遷」第四紀研究，17—4，1979
12) 北野信彦「濃尾平野および西三河平野周辺における貝塚遺跡の立地について」古代文化，36—6，1984
13) 後藤和民「縄文時代における東京湾沿岸の貝塚文化について」『房総地方史の研究』雄山閣，1973
14) 鈴木公雄「縄文貝塚の規模」『日高見国』1985

貝塚と貝塚に残された道具
—地域集団群の一活動拠点として貝塚を見る立場—

山田昌久
（やまだ・まさひさ）

貝塚は果たして一集団のみで所有した空間だったのか，貝塚や周辺遺跡の遺物から当時の地域集団を描く視点を探ってみよう

　貝塚と貝塚に残された道具の関係を捉えることは難しい。現代の生活廃棄物にしても，通常は魚骨・貝殻・野菜屑と道具としての包丁・箸・食器ほかが同時に捨てられることはないが，これは決してゴミの分別廃棄が徹底されたためではない。日々の食料に対処した道具揃えや使用頻度を，遺跡調査によって把握することの難しさも，そうした道具の使用や損耗，廃棄の姿に原因を求めることができるだろう。

　近年，貝塚研究は動植物遺体の詳細分析に力点が置かれ，「動物考古学」という用語が使用されるように，縄紋人の食用対象動植物群の復元が急速に進展した。発掘調査報告書の分析は，各層・各地点の動物遺体を細かな分層単位で提示するに至っている。

　それに対して，道具類の分析を細分した堆積層1枚ずつに行なうことは，里浜（さとはま）貝塚での試みが一部紹介されてはいるが[1]，有効な成果を導きだすには至っていない。結果的に，道具類の分析は纏った層群単位や，土器型式単位で行なわれることが多く，道具分析を含む生産活動の研究は，動物遺体分析結果の大枠とのみ比較される[2]。はたして考古学者は，動植物遺体の分析に見合うような道具の分析法を模索しているのだろうか。

　もちろん，今後の方向として細分された層＝1廃棄単位の累積と道具廃棄との相関を，例えばどれだけの資源消費量と道具消費量が対応するかを目的として分析する，といった試みも必要であろ

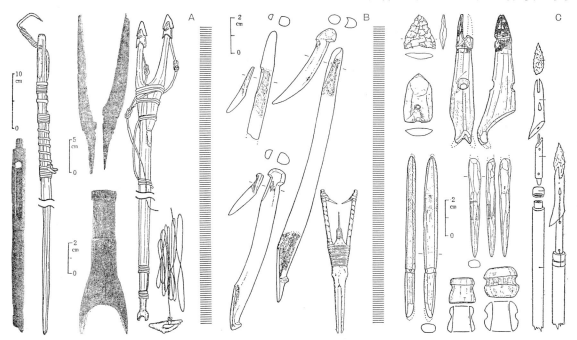

図1　考古資料の道具復元［A＝北海道美々8遺跡出土アイヌ文化期木製マレック・キテ部品と民族例，B＝宮城県田柄貝塚出土骨角製挟み込みヤス復元例と民族例，C＝Jochelson, W. による回転式銛頭構成部品例と田柄貝塚骨角器］（A＝北海道埋蔵文化財センター『調査年報4』1992より引用，B＝宮城県教育委員会『田柄貝塚Ⅲ骨角牙器自然遺物編』1986より引用，C＝Jochelson, W. (1928) The Ancient and Present Kamchadal and the Similarity of their Culture to that of the Northwestern American Indians, Proceedings of the 23rd International Congress of Americanists とBの文献より引用）

う。しかし，今回は貝塚に残された道具をさぐる別角度から方法を考えてみたい。

1 道具の認定を考える視点

遺物機能の立証は，必ずしも十分な検討を経ているわけではない。時代を遡った遺物には経験的な名称決定が多く，名称が機能に関わるものならば，その概念が逆に遺物の用途を固定化してしまうこともある。例えば貝塚出土の骨角製遺物が，棒状の尖端部をもつ形状であれば，「ヤス」もしくは「ヤス状刺突具」と呼ばれる。しかし，貝塚である結果残り得た棒状骨角製遺物を，同時に出土した獣魚骨に対応した刺突具とするのは，あまりに視覚的・即物的な理解であろう。用途復元には，道具の全体形を確認して遺物の機能した姿を明らかにしていく遺物研究が必要である。

道具の復元例としては，北海道美々8遺跡発見のアイヌ文化期に属する木製マレック・キテと呼ばれる銛や鉤の部品でアイヌの民族例と同様な資料がある。また，宮城県田柄貝塚では，アスファルトの付着部位と民族例の比較から，挾み込みヤスの存在が判明した。そして，アメリカ北西部の民族例と比較すると，縄紋時代の回転式離頭銛も組合せ部品をほぼ復元できる（図1）。道具復元に際しては，付着物の部位観察や，民族（俗）例との比較のほかに，楠本政助らの実践[3]がある実験考古学的研究も有効である。

また，遺物の型式的理解についても，道具認定と関連する問題点がある。器種の設定は，分析進行上の作業単位であるから，器種Aと器種Bが同じ道具の同じ部品である可能性も否定できない場合がある。研究者が遺物に描く器種には，出発点に恣意的な分類がつきまとう。それを避ける立場にアメリカ考古学が従来行なってきた，「ある種の科学主義，つまるところは悪しき客観主義[4]」とかつて山浦清が指摘したような単純類型化もあろう。そこでは，類型Aと類型Bをどう関係付けるかは未解決となる。

実際の道具の形状から推測すると，植刃器に刃が付いた状態のあるものは，返しのついた単純銛と本来は同じ刺突具として出発したものが，傷を深くし出血させることによって捕えた陸上大型獣に対応するものと，返しをつけて手元に引き寄せる水産資源に対するものとの違いによって，道具の変化となって表われたものと考えられる。縄紋

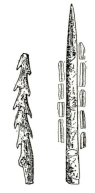

図2 植刃器と銛の形態
(Окладников А. П. (1978) Верхоленский Могильник. Диков Н. Н. (1977) Археологические памятники Камчатки, Чукотки, и Верхней Колымы より引用)

時代早期末に青森県長七谷地貝塚では返し付き銛が確認でき，ほぼ同時期と考えられるシベリアのレナ川流域にあるヴェルホレンスク墳墓で，両側刃器と単純銛が存在する事実は，この変化が起こった時期がさらに古い時期であることを示している。こうした機能分化は，日本列島の細石刃削減についての地域的特性を知る手掛りとなろう。また，時期の下った離頭銛にも縁に刃をつける例が残る地域もあり，対象物の差異と相関する（図2）。

2 貝塚形成の構造

最近の貝塚調査では，縄紋時代例にも千葉県神門遺跡や神奈川県伝福寺遺跡など，海岸部に形成された遺跡の存在が明らかになり，居住域から離れた場所で，動物解体跡や貝層形成跡という生活痕跡が確認され始めた。関東地方ではほかに，千葉県根古屋貝塚・奉免安楽寺貝塚といった低地部遺跡があるが，こうした場所には道具類の残存が少ないことが特徴である[5]。また，同県宝導寺台貝塚のように，土器がわずかで石皿・敲石が目立つ遺跡も注目される。これらの空間には，道具の量が居住地点とは異なることから，別の活動結果が推測できる。貝塚における動植物遺体と道具の比較には，第一にこのような事象をどう処理するのかという問題がある。

第二の検討課題は，住居址を伴うひとつの貝塚が，本当に単一集団によって残されたものかという点である。貝塚遺跡の周辺には，貝塚のない遺跡も発見される。それらの遺跡群形成にあたり，ある一集団のみが貝塚を残す生産活動を独占的に選択するような地域社会像を縄紋社会に描くことは，肯定・否定のいずれの立場を採るにも考慮の

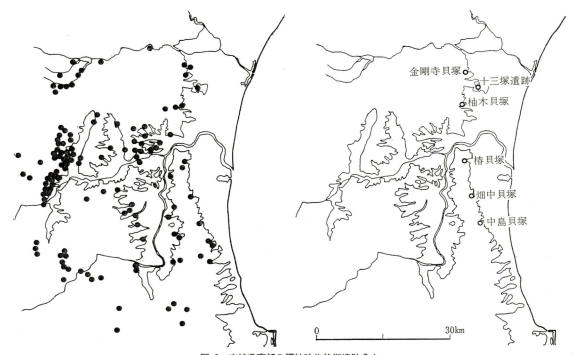

図 3　宮城県南部の縄紋時代後期遺跡分布
<○＝貝塚遺跡　●＝貝塚以外の遺跡>（斉藤良治「文化のあけぼの　縄文時代」『角田市史 1　通史編上』
1984を基礎に，東北歴史資料館『宮城県の貝塚』東北歴史資料館資料集25，1989および文化庁『全国遺跡
地図　宮城県』1978を検討して作図）

余地がある。東京湾奥部の貝塚群に対しての後藤和民のモデル設定[6]はその実践例であるが、それは列島内に普遍化できるといえるだろうか。ここでは図3に示した宮城県南部の地域を素材にして、遺跡立地の要項を検討しよう。対象時期は縄紋時代後期の宝ヶ峯式期・金剛寺式期とした。

阿武隈川が太平洋に流れ込む河口の南北に、小さな凹凸を持った海岸段丘がのびたこの地域には、北から金剛寺貝塚・十三塚貝塚・柚木貝塚・椿貝塚・畑中貝塚・中島貝塚が、数kmの間隔をおいて存在する。しかし、海岸段丘のすぐ内陸には阿武隈川の流域低地部があり、ここにも同時期の遺跡が多数発見され、さらに山間にも遺跡の存在が明らかになっている。内陸地域には、貝塚を残す遺跡の20〜30倍もの生活址が確認されている。東京湾内の入り組んだ台地上貝塚群とは違い、貝塚立地が単純である点、この地は遺跡間の関係をモデル化しやすい。この遺跡群には、どんな連絡関係を与えることができるだろうか。

北海道美沢川流域遺跡群の調査成果により、台地上の遺跡間をむすぶ道が明らかになった。これらは縄紋時代晩期の資料であるが、墓域と居住域が別空間に設定され、それを繋ぐ空間に道を作っていたことになる。調査毎に確認例を増す本遺構は、この遺跡群の調査面積からすれば、美沢川に沿って10kmを越す範囲の連絡網を想定し得る。

縄紋時代の遺跡からは他に、後期に属する低地部に木道を敷設した痕跡があり、小谷を挟んだ台地間の行き来も盛んだったことが推測される。つまり、縄紋時代の後半期には台地内での移動・別台地への移動が、一定程度の範囲ではルートを定めた形で存在した可能性が高いのである。さきのモデル空間にあてはめれば、私たちが習慣的に集落址と呼ぶ住居址群発見地や貝塚も地域空間に複数存在することになる。遺跡は、墓壙群空間・谷中の植物処理空間・製塩作業空間、海浜部資源処理空間など、居住空間から距離を離れて計画されている[7]例も類別化できるが、この諸空間も連絡ルートが存在した可能性はある。

こうした前提からは、縄紋時代と私たちが括った時間軸の後半に、日本列島全域に及ぶ保障は無いが、生活方式が居住域集中型から近隣空間分散型へと計画変化した地域圏の存在が想定できる。従来指摘されていた、東北日本の縄紋時代後晩期

遺跡数の増加は，人口の増加もさることながら，生活拠点の分散結果が反映したものという解釈も可能なのである。その動向の始まりは，縄紋時代中期末の遺跡数増加や遺跡立地多様化が指摘される時期に求められる。貝塚研究も一遺跡としての分析以外に，地域内での位置付けが必要となる。

　図3の遺跡分布は，海浜部・海岸段丘・河川流域低地・内陸丘陵・山間地に地域集団群が残した生活痕跡の集合である。貝塚数とその間隔からは，地域集団群（数は不明）が海浜部の活用地点を5～6カ所確保できた環境系であったことがわかる。この5～6kmという間隔は，同一時期の別集団による貝塚形成が可能な距離を示しているのだろうか。あるいはまた同一集団の移動可能範囲に納まるものと考えるべきだろうか。それは遺跡の群的存在解釈の根本的な検討事項である。

3　寺脇貝塚と薄磯貝塚を例にして

　福島県いわき市にある寺脇・薄磯両貝塚は，縄紋時代後期末から晩期を中心とする遺跡である。この時期，いわき市沿岸部にはほかに，真石貝塚・久保ノ作洞窟で貝塚の確認例がある。真石貝塚・寺脇貝塚・薄磯貝塚・久保ノ作洞窟は，それぞれ4km・8.5km・2.8kmほどの距離をもって形成されている。これらは，洞窟遺跡の性格を別に考慮すると，宮城県南部の貝塚形成とほぼ類似した貝塚形成距離を示している。

　ふたつの貝塚から発見された道具類は，基本的性格を外洋性の漁撈活動として括ることができる。そして，潮間帯の貝類に加え潮間帯下の貝類採集も顕著である。その内容は，各報告書や渡辺誠らによる精力的な研究継続がある[8]。それらの成果によれば，次のような事実がわかる。

　①マダイ・マグロ・カツオ・サメ・イルカ・クジラといった種類の骨が多く，とりわけマダイは群をぬいた比率で出土している。
　②さらに大型の捕獲対象には，北海道や東北地方北部の貝塚よりは量が少ないものの，アシカ・アザラシ・トドといった海獣類も含む。
　③時期的には縄紋時代後期にはマダイが多く，晩期はマグロ・カツオ漁の比率が高まる。
　④アワビなどの潜水採集用具として，鹿角製貝おこしの発達がある。

　さて，図4によってふたつの貝塚発見の骨角器を比較してみよう。ここでは，新しい薄磯貝塚の

調査で晩期の土器型式を識別して細分できた道具立てと，寺脇貝塚の一括した道具立てとの比較となるので，時間幅を縄紋時代晩期として話を進める。比較の主眼は製作・形状差に置く。

　①釣針は大型単式例と結合式例がある。大型単式例は後期末にはじまり，晩期以降結合式例が認められる。かえしが外側に付くものと無いものとある。寺脇例はアゴが幅狭で，下端が尖り，軸の部分が直線的な例が多く確認できる。薄磯例は総体的にアゴが広く，軸部分が屈曲を持っている例が多く確認できる。
　②薄磯例には，表面採集例で内側かえしのアゴ幅狭で軸部直線的な釣針と，岩手県獺沢貝塚・宮城県沼津貝塚などに類似例のあるかえしのある離頭銛がある（●印のもの）。ただし，尖頭部まで作り出した形状である。これらは道具差として製作者や対象の違いを想定できるが，同貝塚で確認された弥生時代の土器に対応する時期差と判断することもできる。
　③ヤス類の固定部を比較すると，寺脇例には，組合せ式では端部が固定作業時に糸懸けを救ける凸部を作ったり，一本式では装着部に明瞭な段を作ったりの工夫があるが，薄磯例では遺存状態の差もあるが明確ではない。
　④組合せ式ヤスの先端部を比較すると，寺脇例は細長く尖らせる資料が多く，薄磯例は長さが比較的短く，先端近くに小さくかえしを付ける資料がある。
　⑤一本式のヤスは，寺脇例は全体的に長く，先端部に切り込みを入れた鏃を挟む資料が多い。また，先端がペン先状に作られた湾曲軸のヤスは寺脇例には顕著であるが，薄磯例では報告がない（挟み込み式ヤスの個性差）。
　⑥骨角器組成は，鹿角製貝おこしが薄磯遺跡で多量に発見されるが，アワビ集中遺構との相関が認められる。調査地点や面積差を考慮すると，道具と対象物の比率が極端に差を示すという傾向は一応無いといえる。

　極めて大まかであるが，以上のようにふたつの貝塚における道具には異なる特徴がある点を指摘できた。この形状特徴には若干の時期差を考慮する必要があるが，基本的には道具製作時における個性が反映していると判断してよいであろう。

　貝塚形成の方式は，①③④⑤から道具製作個性が別であり，異なる集団によって貝塚が残された

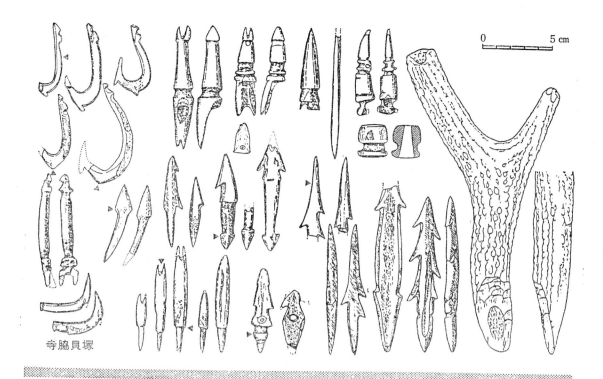
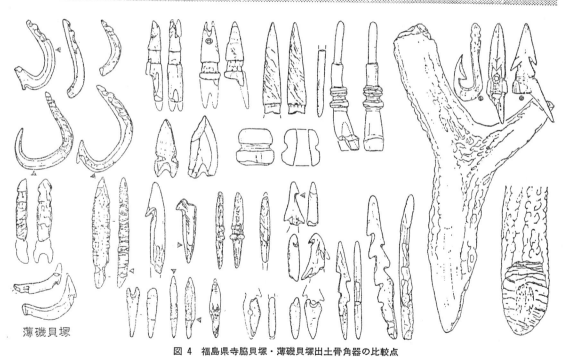

図 4　福島県寺脇貝塚・薄磯貝塚出土骨角器の比較点
（磐城市教育委員会『寺脇貝塚』1966，いわき市教育委員会磐城出張所『小名浜』1968，福島県立磐城高
等学校史学部『薄磯貝塚』1980，いわき市教育委員会『薄磯貝塚』1988，猪狩みち子「いわき地方におけ
る鹿角製斧状製品の編年的考察」『いわき市教育文化事業団研究紀要』2，1991の図版から構成）

との解釈がひとまず可能である。図3に見るよう
な貝塚と他の遺跡との群的な成り立ちは，少なく
とも貝塚地点の使用集団は，原則的には異なって

いたと解釈されることになる。もちろん，後期段
階における遺跡の群的関係と晩期段階のそれが同
じものかという問題はある。なぜならば，古鬼怒

45

湾岸から仙台湾岸には，土器製塩の発達という重要な現象が後期後葉から生まれ，製塩土器はかなり内陸の遺跡でも少数ながら発見される。すなわち，製塩土器を知っている集団の広がりは，数十kmに及んでいることになる。鈴木正博・渡辺裕水は，古鬼怒湾の製塩開始要因を「海産物の保存・交易運搬用として極度に専業化した漁撈活動との関わり」に求める意見を提出している[9]。

岩手県岩谷洞窟は三陸海岸から数十km離れた山間部の遺跡であるが，その堆積層からはタイの骨が検出された。海産資源が長距離を移動した証拠は発見されている訳である。製塩土器の出現からでも，地域社会の構成差を問い直す必要がおこることになる[10]。その問題は別に検討することにして，遺跡群の道具比較を今少し進めよう。

4 遺跡群として道具立てを見る視点

先の二貝塚に共通する骨角器以外の道具立てには，磨石類が少ないという傾向がある。これは貝塚空間を残した集団にとって，植物質食料・顔料粉砕に対応する道具が，内陸部の居住遺跡，祭祀遺跡の残存例より少ないことを示す。活動拠点ごとに使用する道具立てが異なることは，どのような事実を秘めているのだろうか。

貝塚遺跡と非貝塚遺跡との関係は，生活物資の交換が存在するとして理解されることが多い。アスファルト・石材・顔料・食料品・塩などの，当然のこととして語られる動きを，群在する遺跡がどの程度の関係で行なっていたかという地域社会理解へ研究をすすめるには，道具の偏在部分を補完的に整理する試みが必要である。内陸部でも，遺跡によって磨石類多用や礫石錘を多量に保有する空間が確認されるなどの事象から，道具偏在空間が指摘できる。それはまた直接的な生産用具以外の道具にもあらわれる。

さきの二貝塚の道具立てのうち，土偶は報告された数では寺脇貝塚が2点，薄磯貝塚6点で，調査部分の特徴かも知れないが，遺物量の多さからすると土偶が相対的に少ない傾向がある。少し内陸に入った同時期の道平遺跡では53点が出土しており，志賀敏行の遺跡立地からみた土偶出土率比較では[11]，後期段階の内陸部愛谷遺跡の多量出土を例に，貝塚空間との発見例差から，海岸部と内陸部の遺跡における土偶量差存在が指摘されている。また，薄磯貝塚では岩版の多い点が特徴的

であり，土偶や同じ板状品である土版も含めた土製祭祀用品僅少とは対照的な傾向がある。焼粘土塊の出土から，この空間で土器生産が行なわれた可能性があるが，板状品製作に別素材を利用しているのは，その作者が土器作りとは異なる者であったためであろうか。

しかし，わずかな土偶の発見や板状品の基本形共有など，その空間の生活痕跡が内陸部のものと関連する点があることは，内陸空間と沿岸部空間が同一要素を共有した繋がりを持っていたことも間違いない。これらの状況からは，遺跡群における遺跡ごとの役割が均一でない姿を描くことができる。そこには一集団による近隣空間分散型の生活方式とは別に，地域集団群の均一でない活動圏をどのように領域分担したか，また共有したかという問題の議論も必要となる。

単一集団を基本と考えた詳細な貝塚研究とは別に，地域集団群から見た一地点としての貝塚研究という分野は，縄紋時代の地域像復元にも接近できるものとなろう。

註
1) 岡村道雄「里浜貝塚西畑地点の貝塚を残した集団とその季節的な生活」考古学ジャーナル，231，1984
2) 前山精明「石器群の構成」『鳥浜貝塚─1980年度調査概報─』1981
3) 楠本政助『縄文生活の再現─実験考古学入門─』筑摩書房，1980
4) 山浦　清『南西アラスカ・アリューシャン列島における回転式離頭銛の型式学的研究』北地文化研究会，1977
5) 堀越正行「奉免安楽寺貝塚の提起する問題」史館，14，1983
6) 後藤和民「馬蹄形貝塚と縄文社会」『縄文人と貝塚』六興出版，1989
7) 山田昌久「木製遺物から見た縄文時代の集落と暮らし」縄文時代の木の文化，1989
8) 渡辺　誠『縄文時代の漁業』雄山閣，1972
9) 鈴木正博・渡辺裕水「関東地方における所謂縄紋式『土器製塩』に関する小論」常総台地，7，1973
10) 山田昌久「縄紋時代土器製塩の背景」史境，23，1991
11) 志賀敏行「道平遺跡出土土偶小考─遺跡の立地からみた土偶出土率の意義─」，大竹憲治「縄文時代における動物祭祀遺構に関する二つの様相」『道平遺跡の研究』1983

土器製塩と貝塚

貝塚文化研究会
鈴木正博
（すずき・まさひろ）

縄紋式土器製塩の研究は製塩土器や動物遺体の個別研究から遺跡の
情報を統合的に活用した総合研究への進展により真相へと接近する

1 個別研究から総合研究へ

本邦土器製塩の研究はすでに大綱ができており[1]，塩業として独立に考える立場からすれば概ね現在の到達点と評価し得る[2]。しかし，本邦最古として位置付けられている縄紋式土器製塩はそれを支えている先史経済的社会基盤との関連がなお未明のままであると指摘しなければならない[3]。したがって，弥生式以降の原史・歴史経済的社会基盤の延長としての安直な類推を以て良しとする危険性が高く，むしろより積極的に貝塚文化の営みの難解な側面[4] の中に成立意義を求める立場を再確認し[5]，先史塩業なる枠組みの是非を製塩土器成立過程とその後の動静から検討・予察する。

なお，分析対象とした資料は筆者が関係したものの他に正式報告書などから筆者の理解の範囲内となったものを中心とするが，今日までの埋蔵文化財調査の発見史に従えば，常に生起しつつある新たな可能性との同居にも課題が潜んでいるのは自明故，今後台頭するであろう視点や分析については紙面の都合もあり，中途半端な形では触れずにおくことで現状の明示としたい。

2 縄紋式土器製塩の型式学的環境抄

製塩遺跡の分布を特徴的な製塩土器の集中廃棄事象（製塩土器層と略）と補完諸事象の認定から求めてみると，霞ヶ浦に10遺跡未満，仙台湾周辺[6] に約30遺跡，北奥[7] に3遺跡と圧倒的に仙台湾周辺に発見例が集中している。また，製塩土器層の存続時期は霞ヶ浦沿岸の晩期前半に対して，仙台湾周辺は晩期後半が確実な所であり，製塩土器層の形成が安行式文化から大洞式文化へと移行する中で縄紋式最後の展開を図った中心地域が仙台湾周辺と考えられる。こうした状況を製塩土器の底部形態の出現段階変遷と関連施設との関係で纏めたのが図1である。

関東地方 確実に後期に遡上する製塩土器層や製塩遺構は未見である（ただし，安行3式製塩器と型式学的に連絡する形態は利根川下流域においてのみやや多く検出されており，今後発見される可能性は大きい）。一方，製塩土器層や製塩遺構の検出は晩期前葉（安行3a・3b式）の霞ヶ浦低地製塩遺跡で成功しており，安行3c式に至り再び判然としない状況となる。すなわち，安行3c式の製塩遺跡が明確にならない限り，現状では仙台湾周辺の製塩遺跡の形成と1型式の断続が認められる。

製塩遺跡の伝播とは別に製塩土器製作技術の伝播問題もある。製塩土器の大別は底部形態が地域内変遷を明確に示し，細別は口縁部形態作出技法による型式学が製作者集団の系統を弁別する[8]。関東地方では常松成人氏が研究を進め，100遺跡から製塩土器が検出されており[9]，その分析結果を適用すれば宮城県中沢目貝塚で検出された製塩土器1例は安行3b式の系統である[10]（しかし，大洞BC・C₁式に無文薄手粗製土器が発達している状況は未明であり，昭和57年の日本考古学協会における晩期初頭の伝播観[11] は撤回したい）。

晩期前半の霞ヶ浦沿岸では製塩土器の底部形態は，その出現段階組列として，大径平底（安行3a式）→小径平底（安行3b式）→尖底（安行3c式）と変遷する。そして安行3c式の尖底化が福島県寺脇貝塚で受容され，霞ヶ浦沿岸と仙台湾周辺間の連絡の引金となった可能性が高い[12]。

製塩遺構[13] については伴出状況が細別型式との対応に厳密ではなく，現状では晩期前葉と幅を必要としている。茨城県法堂遺跡と前浦遺跡で砂層上に煎熬（製塩土器を煮沸して塩の結晶を製造する工程）処理に関連する一連の遺構および堆積層が検出されており，標高10m未満の砂層低地における土器製塩作業風景がある程度推察されている。他方，霞ヶ浦沿岸の奥部の台地上貝塚遺跡では砂層低地遺跡の専門的継続的煎熬処理システムの簡略化した施設が製塩土器を伴って検出されている[14]。小山台貝塚では中央部に口径40cmの深いピットを付属させた1.5m×1mの長円形の遺構に灰層・焼土が多量に関与し，安行3c式期と

推定される製塩土器が検出されている。上高津貝塚でも最近 1.5m×1m の長円形の炉跡が確認され，そこから製塩土器が検出されている。こうした台地上貝塚遺跡の状況に注目することによって始めて100遺跡に及ぶ広い範囲に製塩土器の分布が及んだ，第2次分布圏とも呼ぶべきヤマトシジミ貝塚圏（約30貝塚）への接近および第3次分布圏である内陸遺跡連鎖の解明が示唆され，型式学が威力を発揮するのである。

製塩土器の関東地方における広域分布（茨城県＜41遺跡＞→千葉県＜33遺跡＞→埼玉県＜15遺跡＞・東京都＜7遺跡＞→群馬県＜2遺跡＞・神奈川県＜2遺跡＞・栃木県＜？＞）を纏めると，霞ヶ浦沿岸の砂層低地遺跡に製塩土器の集中廃棄が検出されるとともに比較的近隣の台地上同時期貝塚遺跡にも必ずある程度の量的検出が確認され，さらにはより遠隔地である内陸の同時期遺跡からも少量ではあるが検出される状況が明らかとなる。しかも遠隔地の製塩土器は霞ヶ浦沿岸からの搬入品ではないが，概略共通した技法に従っている。こうした状況は搬入関係がもたらした稠密性ではなく，一般の土器の製作技術の伝播・受容関係と何ら変わる所のないあり方であり，製塩土器が特殊扱いされずに安行式文化を担っていたものと考えられる。

東北地方　関東地方の製塩土器は晩期中葉（安行3c式）の尖底にて終焉となるのが現状である。と同時にこの尖底化現象は寺脇貝塚の外海漁業文化（〜大洞 C_2 式）の中に組み込まれていく。組合せ式釣針・根バサミ・閉窩式回転銛による大形魚類・海獣獲得方法の一層の専門化と新たな保存技術が統合化した高度な物流体系を想定するならば，こうした先端的な知識の蓄積は同じ生業文化圏の中で土器型式上の遅れを伴わないほど急速に共有化される一方，受容社会の土器製作技術の伝統に応じた地方差もまた顕在化している（福島県北の状況がすでに同時期の仙台湾周辺の製塩土器形態と異なっているのは今後の課題である[15]が）。

仙台湾周辺では大洞 C_2 式から製塩遺跡が継続的に霞ヶ浦沿岸の盛時より濃密に展開している。時同じくして陸奥湾は今津遺跡にまで飛火しているが，製塩遺跡・製塩土器出土遺跡ともに地域的集中性・稠密性はなく，福島県の現状と類似しており，仙台湾周辺を拠点地域とするならば，北奥および福島県は外縁地域としての様相を呈している（外縁地域の役割はひとまず保留としておく）。

拠点地域の主要製塩遺跡[16]の製塩土器底部形態は，大径平底（大洞 C_2 式＜古＞）→大径平丸底（大洞 C_2 式＜新＞）→準尖底（大洞 A_1 式）→尖底（大洞 A_2 式）と出現段階的変遷が把握できる。製塩土器の特徴は無文薄手粗製土器の一語に尽きるが，霞ヶ浦沿岸と仙台湾周辺では粗製の内容が大きく異なっている。霞ヶ浦沿岸ではヘラ削りが発達し，口縁部に最少でも6群37類の別（中妻貝塚の場合）を系統化させるのに対し，仙台湾周辺の大洞 C_2 式例では輪積痕を明瞭に残す伝統がある。これは両地方の粗製土器の製作技術を基盤としているためで，安行式の場合，製塩土器の形成過程は粗製土器からの型式学的分化過程として変遷が検証されつつある。大洞 C_2 式例が器表面に調整痕をほとんどとどめず，輪積痕を残したままであったり，大径平底の様相が粗製土器の底部と類似している点は，粗製土器からの分化がさほど進んでいない型式学的状況を示しており（霞ヶ浦沿岸の製塩土器の変遷過程をヘラ削り調整手法の変化に見い出すならば），仙台湾周辺の古式の製塩土器形態と推察されるのである。さらに以降の変遷は粗製土器との隔離がはなはだしくなる方向に特徴があり，より古式の形態を遡上するならば最早製塩土器ではなく，一般の無文粗製土器に過ぎないのである（この現象は霞ヶ浦沿岸の安行1-2式では指摘できるが，製塩土器発祥の地ならではの現象であり，土器製作技術を受容した社会には適用されない可能性が高い）。

霞ヶ浦沿岸の低地製塩施設は，製塩炉の数を比較の対象とした場合，法堂遺跡1基，前浦遺跡3基のみと仙台湾周辺の製塩遺跡1カ所分相当にすぎず（この現象を仮りに貝塚数との対比で検証しても同じ傾向に帰着する），縄紋式土器製塩は仙台湾周辺において一層の盛行に至ったのである。大洞 C_2 式の里浜貝塚西畑北地点では特殊な「練物」が関与する製塩炉が11基検出され，かつ4基による4期の重複関係および同時最大4基による操業関係が解明されている。

製塩炉形態にはピット式定型炉と平地式不定型炉があり（霞ヶ浦沿岸でも両形態は存在している），役割分担などについては今後の研究に待つべき要素が多いが，現状では並存時期をも考慮した上で，ピット式→平地式への変遷を考えている。その意味で大洞 A_1 式の製塩遺跡である鬼ノ神山貝塚が重要な役割を果たしている。鬼ノ神山貝塚では平地式集石炉が入江を包むように汀線に沿って

48

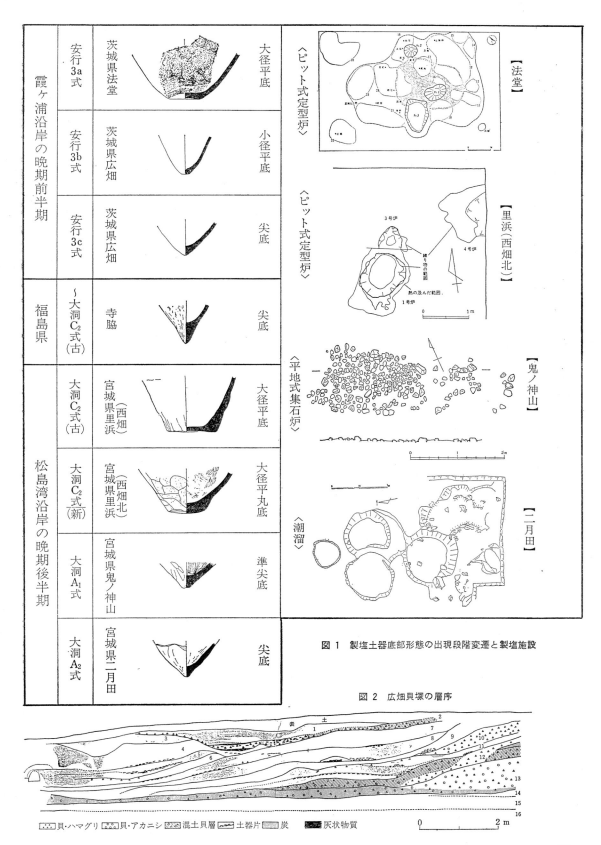

図1 製塩土器底部形態の出現段階変遷と製塩施設

図2 広畑貝塚の層序

11基検出され，さらに集石炉の下方に製塩土器の集積地点が確認されている。平地式集石炉が準尖底と強い相関を有する点は宮城県新浜B遺跡の例からも補強され，大洞C_2式〜大洞A_1式の製塩炉は，ピット式定型炉→平地式不定型炉→平地式集石炉と，製塩土器とともに双方で改良が加えられ，製塩作業規模の拡大に対応した状況と推察している。なお，大洞A_2式の宮城県二月田貝塚では採鹹（海水を天日で濃縮する工程）処理に関連する施設（「潮溜」）も検出されており，より具体的に工程が判明しつつある。

宮城県における製塩土器の分布は関東地方とやや異なっている。すなわち，製塩作業場所および関連ある特定場所での検出が顕著であり，台地上の貝塚圏からより内陸の遠隔地への検出量的減少推移を伴う分布状況は現状では明確でない。この状況は一般の土器のあり方と異なり，明らかに区別され，本来の用途への限定が製作動機として強く守られている可能性が高く，関東地方とは受容する側の認識に異なった原理が働いているのであろう（したがって，製塩土器の伝播問題を考える場合，機能面の受容と形態面の模放的受容とを同一視してはならない。受容する側の先史社会の土器に対する社会的位相によって受容内容がそれぞれ異なるからである）。

3　貝塚の中の製塩土器

関東地方の安行3式ヤマトシジミ貝塚遺跡では製塩土器の出土状況に特有な現象はなく，一般の土器と同様に廃棄されている（貝層中の観察は埼玉県石神井貝塚発掘調査所見による）。ではハマグリ貝塚低地遺跡である広畑貝塚ではどうか。図2で明らかな通り，一般的な貝層のあり方のみならず，堆積層を異にした製塩土器層が顕著であり，集中廃棄行為は貝層形成と非同期な管理体制の中に組み込まれている。したがって，集中廃棄行為は2つの側面（廃棄地点管理機構および廃棄季節管理機構）から解明する必要がある。

里浜貝塚西畑北地点の分析成果は季節性をより確実なものとした。単に共伴した季節性を示す資料の提示にとどまらず，製塩土器底部のカシワの木葉の成長時期の推定からも作業季節を夏と判断したのである。また，斜面部にある西畑地点の各層では一般の土器と製塩土器との間に廃棄に関する弁別事象は存在せず，混在している状況が明らかにされた。この現象は製塩土器が集中的な製塩作業管理外でも一般の土器と同様に日常的な製塩作業にも供された可能性を示唆している。

4　安行式前後の漁撈活動と土器製塩の成立

茨城県取手市中妻貝塚の調査によれば，縄紋式中期のヤマトシジミの近隣貝塚に対し，堀之内1式には一部ハマグリ・サルボウ・アサリ・オキシジミ環境へ，加曽利B1-2式には一部ハマグリ環境が形成され，加曽利B2式以降は再びヤマトシジミ環境へと変遷する状況が明らかとなった。すなわち，後期前葉の微小海進的環境変化に対応する漁撈活動の定着化が後期中葉までに盛期に達し，安行式直前段階から明確な海退現象へと転換する中で，霞ケ浦沿岸の低地遺跡（ハマグリ環境）で確立した土器製塩との係わりの前後の状況が窺えるようになった。後期微小海進的環境変化は骨角製の釣針・刺突具の普及によるマダイ・スズキ・クロダイを対象とした漁法の定着をもたらし，中妻貝塚の加曽利B式文化層ではイモガイ（11点）（含加工場）・オオツタノハ・ベンケイガイの貝輪など遠距離物流網と強く係わる物産が顕著に出現している。中形魚の専門的捕獲とともに遠隔地遺跡との緊密な関係が推定され，そうした物流網の中で中形魚が需給調整されている状況を予察している。

しかし，海退現象の影響により安行式では貝塚が減少し，当然漁場も縮小される。前代に確立した物流網からの需要に変動がなければ，中形魚の供給元が縮小・限定されるだけに価値が相対的に高くなり，しかもより遠隔地に対する新たな供給方式の改善が希求され，塩による保存方法が開発されたのではないか（中形魚に特定するには意味がある。中妻貝塚ではスズキ・クロダイの他に量的には圧倒的にウナギなどの小骨が多い。加曽利B式貝塚におけるハゼ・ウナギなどの大量出土は，貝塚文化を象徴する骨角器の発達とは相関の小さい現象であり，専門的な労働用具による捕獲対象物こそが高価値を有し，内陸から要求されていたのではないか）。

関東地方の最後の伝統的土器型式である安行3d式（地方型式としての前浦式）には専門家集団による漁撈活動の維持はほとんど見られず，貝塚の獣骨塚風習／内陸の焼獣骨風習への転換が達成されており，漁撈活動の衰退と土器製塩活動の衰退が連動している状況がある。一方，より組織的専門的大形魚捕獲活動の東北地方における発達が

土器製塩の一層の活発化と連動している状況も併せて推察すれば，少なくとも縄紋式土器製塩は塩業として独立的に確立し，独自の生業として発達する性格では有り得ない点を良く示しており，西部弥生式以降の土器製塩とは似て非なる生業と理解せざるを得ない（東部弥生式での残存状況は今後の課題である）。

5 結語——土器社会論としての予察——

　関東地方と東北地方の製塩土器研究の意義について，それぞれの地域での製塩土器への執着（型式学的変化）・土器製塩に対する可能性への挑戦（分布の稠密性）・近隣系を含めた遺跡連鎖としての製塩土器形態受容（技術系統論）等々より分析を深化せねばならない課題を周知しつつも，展望しておきたい。

　晩期安行式製塩土器検出状況の稠密性は，大洞式のそれと比較して土器製塩のあり方が決して遺跡間分業としての発達を示してはおらず，逆に遺跡間での協業に基盤がある。他方，大洞式の土器製塩は安行式より分業化が進んでいる可能性が高く，遺跡群内での関係よりも広域を対象としたより大きな協業関係を基盤として機能分担が組織化されている状況が予察され，安行3d式が大洞C_2式の波の前に姿を消さざるを得ない関東北土器型式融合化現象[17]の成立背景が推察されるのである。常松成人氏の御援助に深謝する。

註

1）近藤義郎「日本塩業史の考古学的研究」『日本塩業大系　原始・古代・中世』1980
2）近藤義郎『土器製塩の研究』1984
3）鈴木正博「縄紋時代に於ける『土器製塩』の研究（序説）」『中妻貝塚の研究Ⅱ』貝塚文化研究会，1981
　　堀越正行「縄文時代の土器製塩と需給」季刊考古学，12，1985
　　後藤和民「縄文時代の塩の生産」考古学ジャーナル，298，1988
　　岡村道雄「東北地方の縄文時代における塩の生産」同上
4）鈴木正博「第3節　中妻貝塚論序説」『中妻貝塚の研究Ⅰ』貝塚文化研究会，1979

5）鈴木正博・渡辺裕水「関東地方における所謂縄紋式『土器製塩』に関する小論」常総台地，7，1976
　　川崎純徳・鈴木正博「関東地方に於ける縄紋式『土器製塩』と物流関係」日本考古学協会昭和52年度総会研究発表要旨，1977
6）藤沼邦彦・小井川和夫『東北歴史資料館資料集25　宮城県の貝塚』1989
7）青森県教育委員会「塩づくり」『北の誇り・亀ヶ岡文化』1990
8）鈴木正博・鈴木加津子「中妻貝塚に於ける『製塩土器』形態の基礎的研究」『中妻貝塚の研究Ⅰ』1979
　　関俊彦・鈴木正博・鈴木加津子「大森貝塚出土の安行式土器（3）」史誌，19，大田区，1983
9）常松成人「縄文時代の土器製塩（2）」考古学の世界，6，1990
＊　平成4年9月15日に中妻貝塚で貝塚文化研究会を開催し，その席上で常松成人氏より100遺跡の報告があった。詳細は近い時期に同氏より報告予定。
10）常松成人「縄文時代の土器製塩（1）」考古学の世界，5，1986
11）鈴木正博・鈴木加津子「安行2式に観る南奥的構造変容と安行3前葉型式の成立」日本考古学協会研究発表要旨，1982
12）鈴木正博・田宮一典・渡辺裕水「取手市上高井神明貝塚出土の製塩土器を中心として」常総台地，8，1976
13）戸沢充則・半田純子「茨城県法堂遺跡の調査」駿台史学，18，1966
　　寺門義範「製塩」『縄文文化の研究2　生業』1983
14）鈴木正博・渡辺裕水「小山台貝塚出土の所謂『製塩土器』について」『小山台貝塚』1976
　　塩谷修『国指定史跡　上高津貝塚発掘調査概要』1991
15）鈴木正博「続大洞A_2式考」古代，84，1987
16）宮城県塩釜女子高等学校社会部『宮城県七ヶ浜町二月田貝塚（Ⅱ）』1972
　　鵤田勝彦ほか『鬼ノ神山貝塚・野山遺跡』1982
　　岡村道雄ほか『里浜貝塚Ⅰ』1982
　　小井川和夫ほか『里浜貝塚Ⅱ』1983
　　宮城県教育委員会『塩釜市新浜遺跡』1986
　　小井川和夫・加藤道男『里浜貝塚Ⅶ』1988
17）鈴木加津子「安行式文化の終焉（3）」古代，94，1992

貝塚に埋葬された縄文人─────

──縄文人の形質──

山口県豊北町教育委員会
松下 孝幸
（まつした・たかゆき）

縄文時代人骨は大部分が貝塚から出土し，基本的には全国同じ
質的特徴をもっているものの，細かい点では地域差が存在する

1 縄文人の特徴

日本の土壌は基本的には酸性に傾いているので，古人骨が出土するのは原則として，貝塚，砂丘，洞穴に遺体が埋葬された場合に限られる。その他に例外的に遺体を甕などの容器に入れ，密封して埋葬した場合には骨が残ることがある。北部九州地域で見られる弥生時代の甕棺がその良い例である。

縄文時代人骨はほぼ全国的に出土している。貝塚と洞穴からの出土がほとんどであるが，大部分は貝塚から出土している。

縄文時代人骨の形質的特徴は他の時代の人骨に比べてかなりはっきりとしており，他の時代の人骨と時代を間違うことはほとんどないといっていいくらい特徴的である。その特徴は次のとおりである。

(1)骨質がかなり堅牢で，頑丈である。(2)頭蓋の径が大きい（大頭）。(3)眉上弓（目の上にある）の隆起が強い。(4)鼻骨が高く隆起しており，鼻が高い。(5)鼻根部（鼻の付け根）が陥凹しており，顔のホリが深い。(6)顔の高さが低く，横幅が広い（低・広顔）。(7)眼窩の高径が低く，角ばっている。(8)上顎骨が頑丈である。(9)下顎骨が頑丈で，下顎角が張っており，咀嚼に関与する筋の付着部が発達している。また，下顎骨の高径も低い。(10)縫合が簡単である。(11)咬合型式（歯のかみ合わせ方）が鉗子状咬合（毛抜き合わせ）である（弥生時代以降は鋏状咬合）。(12)比較的ムシ歯が少ない。

また，四肢骨にもはっきりした特徴が認められ，(13)上腕骨と脛骨の骨体（骨の中央部）および大腿骨の上部は扁平であり，(14)大腿骨の両側面は後方へ突出し，あたかも後面に柱を作ったようになる（柱状形成）。このような大腿骨を「柱状大腿骨」とよんでいる。(15)四肢骨の筋の付着部は発達し，強い隆起を形成しており，筋の発達が良かったことがうかがえる。(16)身長は低く，男性で158 cm

程度，女性は148 cm程度である。

2 縄文人の時代差

以上述べた特徴は，実は縄文時代でも後期・晩期人の特徴である。縄文時代は約8,000年も続いた長い時代である。考古学的には一般的に早期・前期・中期・後期・晩期の5期に区分されている。その長い期間に形質上の変化があっても不思議ではないが，後・晩期人骨に比較して早・前期人骨の出土量が少ないために，時期差の研究は遅れていた。小片保は全国的に早・前期人骨の調査を行ない，縄文人の形質は中期を境にして大きく2分されることを明らかにした。小片は，上黒岩岩陰（愛媛県），川原田洞穴（大分県），室谷洞穴（新潟県），大谷寺洞穴（栃木県），観音堂（広島県）出土の早期人を実見し，そのなかには「がんじょう」な長骨（大腿骨，脛骨など）は見当らなかったと報告しており（小片，1981），「縄文人の形質が中期を境にして『きゃしゃ』から『がんじょう』へ転換すること」を明らかにした。すなわち縄文早・前期人は「きゃしゃ」で中・後・晩期人は「がんじょう」な体格をしていたわけであるが，その原因を小片は「地質学的・古気候学的条件によって醸しだされた生活環境の安定さと不安定さに求めることができる」としている。一方，扁平脛骨の研究を行なった森本岩太郎(1981)は「成長期における栄養不良が引き金となって扁平脛骨が誘発されると考えたほうが」，「合理的ではなかろうか」とし，栄養状態の劣悪さを指摘している。

確かに筆者が実見した大分県枌洞穴の縄文早期人も本当に「きゃしゃ」で，そのうえ形態的な点からも特異なもので，骨材料の不足に加えて，過酷な自然条件下での無理な運動に対応した骨形態のように思える。

このように縄文早・前期人と中・後・晩期人との間には大きな差があるが，山口敏も指摘しているように（山口，1982），早・前期人骨は山間部の

洞穴から出土し，中・後・晩期人骨は主に海浜部の貝塚から出土していることから，両者の差は単に時代差ばかりではなく，遺跡の立地の差，ひいては 生産活動 の差（その結果の栄養状態の差）を表わしている可能性もある。

3 縄文人の地域差

縄文人骨は早・前期人骨の出土量が少なく，今のところこの時期の地域差は定かではない。したがってここで記載する地域差は縄文中・後・晩期人骨の地域差である。南北に長い日本列島であるから地域差があってもおかしくはないが，先に述べた縄文人の特徴は不思議と九州の縄文人も北海道の縄文人も基本的には同じ質的特徴を持っている。筆者は北海道出土の縄文人骨を札幌医科大学で実見したが，九州の縄文人とまったく同じであったことに正直いって驚いてしまった。同時に北海道の縄文人が九州のそれよりより縄文人的であるという印象も受けた。

しかし，多少の地域差がないわけではない。九州・沖縄地方でも質的な点で多少の地域差が認められる。最近，沖縄県で縄文時代人骨が出土するようになってきて，その特徴も次第にわかってきた。北谷町のクマヤ洞穴や宜野湾市の真志喜安座間原遺跡から縄文時代晩期に相当する時期の人骨が出土している。これらの人骨は，眉上弓の隆起が著しく弱く，外後頭隆起の発達も弱い。また大きさも小さいので，頭蓋や四肢骨からは性別を判別することが困難であり，性決定は寛骨に頼らざるをえない。このように男性であっても縄文人的な特徴の一部が希薄であるというのが沖縄での特徴のようである。しかし，鼻骨は高く隆起するなどの特徴は認められる。また，このような眉上弓の隆起が著しく弱いという点は弥生時代人骨にも受け継がれているようである。

縄文人の 地域差は むしろ 大きさに 現われている。小片保（1981）は比較的出土量が多い縄文後期人の地域差を東北部と西南部に分けて論じている。小片によれば，頭蓋最大長，頭蓋最大幅，頭蓋長幅示数などの脳頭蓋の計測値や示数値では両地域では有意差は認められず，顔面の諸径も差がないが，男性の上顔高は東北人が西南人よりも大きいという。また，男性の大腿骨の最大長は東北人が西南人よりも長く，男性の推定身長は東北人が 159.2 cm，西南人は 154.6 cm となり，前者

の方が身長が高い。 女性は 東北人が 148.2 cm，西南人は 149.6 cm で，両者間に大差はない。すなわち，男性に関していえば，東北人は西北人よりも顔面の高径が高く，身長も高い傾向が認められている。 身長に ついては平本（1981）が九州，中国，中部，関東，東北について地域差を検討しているが，男性では 157.3 cm～158.7 cm の範囲に収まり，南北の差は認められていない。一方，女性は九州と東北がそれぞれ 150.0 cm，150.9 cm で，中国の 147.2 cm と中部の 146.9 cm よりも高く，また，関東も 149.2 cm で，これもそれほど低くはなく，地理的変異が認められている。

また，山口も縄文人の地域差を検討しているが（山口，1982），「縄文時代人の地域差は，現代人のそれにくらべて，とくに大きくも小さくもなかったの では ないか，と考えられる。」と結論している。

そこで，筆者は九州・沖縄を中心とする西日本での地域差を検討してみた。表1は脳頭蓋の主要計測値である。表に掲載した資料は同一時代ではなく，早期から晩期までであるが，ここでは時代差を無視して検討することにする。

西日本においても骨質はいずれも縄文人特有の骨質を持っており，この点では地域差は存在しない。ただ，沖縄県では先述したように縄文人的特徴の一部（眉上弓の隆起が強いこと）が希薄であり，この点が沖縄の縄文人の特徴で，九州島の縄文人と違う点である。次に，頭型と頭の高さを検討してみたい。沖縄県のクマヤ洞穴，具志川島，種子島の長崎鼻，熊本県の曽畑，対馬の佐賀，福岡県の山鹿，大分県の枌，草木の各縄文人は短頭型である。また市来，出水，阿高，白浜，横尾，太田，吉胡，関東縄文人は中頭型に属してはいるが，示数値は短頭に傾いている。御領は長頭型で他の縄文人とは明らかに異質である。また長頭型ではないが，示数値がやや長頭に傾いているのは轟，脇岬，稲荷，津雲縄文人である。このように，九州・沖縄の縄文人は基本的には頭型は短頭に傾く傾向にあるようであるが，熊本，長崎および大分の一部にやや長頭に傾く一群が存在する。短頭に傾く傾向は関東の縄文人と一致しており，この頭型に関しても大きな地域差は存在しないのかもしれない。

頭の高さを表わしているバジオン・ブレグマ高は沖縄県のクマヤ，具志川島および鹿児島県の市

表 1　脳頭蓋計測値（男性，mm）

		クマヤ洞穴縄文晩期人(松下・他)		具志川島縄文人(松下・他)		長崎鼻縄文人(金関)		市来縄文人(内藤・他)		出水縄文人(大森・他)		阿高縄文人(大森)		御領縄文人(金関・他)	
		n	M	n	M	n	M	n	M	n	M	n	M	n	M
1.	頭蓋最大長	4	175.75	4	180.75	1	185	1	185	1	182	9	183.56	3	190.83
8.	頭蓋最大幅	6	145.33	4	146.25	1	151	1	147	1	143	9	145.56	3	139.00
17.	バジオン・ブレグマ高	2	143.50	3	141.33	1	111.5	1	144	1	131	2	134.00	2	130.25
8/1	頭蓋長幅示数	4	82.58	4	80.92	1	84.9	1	79.46	1	78.57	9	79.40	3	72.90
17/1	頭蓋長高示数	1	81.50	3	78.37	1	60.3	1	77.84	1	71.98	2	74.72	2	69.20
17/8	頭蓋幅高示数	2	96.71	3	95.94	1	71.0	1	97.96	1	91.61	2	93.71	2	93.05
1+8+17/3	頭蓋モズルス	1	152.33	3	156.33	—		1	158.67	1	152.00	2	152.17	2	152.85
23.	頭蓋水平周	2	522.50	4	525.25	—		1	530	—		—		3	535.00
24.	横弧長	4	327.25	4	335.00	—		1	331	1	327	4	325.00	2	315.00
25.	正中矢状弧長	1	384	3	373.33	—		1	389	1	380	2	380.00	2	380.50

曽畑縄文人(小片・他)		轟縄文人(松下・他)		脇岬縄文人(松下・他)		佐賀縄文人(松下・他)		白浜縄文晩期人(松下・他)		山鹿縄文人(九州大学)		粉縄文後期人		稲荷縄文人(小片・他)		草木縄文人(小片・他)		横尾縄文人(松下・他)	
n	M	n	M	n	M	n	M	n	M	n	M	n	M	n	M	n	M	n	M
1	180	1	175	4	188.75	2	189.00	1	179	4	183.3	5	177.80	1	185	1	182	1	183
1	145	1	134	5	147.20	2	152.00	1	142	5	146.0	5	143.60	1	139	1	151	1	142.50
1	143	—		—		1	137	1	136	3	137.3	5	133.80	—		1	137	1	138.50
1	80.56	1	76.57	4	76.63	2	80.42	1	79.33	4	80.1	5	80.88	1	75.14	1	82.97	1	78.69
1	79.44	—		—		1	74.05	1	75.98	3	75.2	5	75.39	—		1	75.27	1	77.60
1	98.62	—		—		1	92.57	1	95.77	3	94.3	5	93.27	—		1	90.73	1	97.18
1	156.00	—		—		1	156.67	1	152.33	—		5	151.73	—		1	156.67	1	156.33
1	516	1	503	4	534.25	1	524	1	522	4	529.0	5	512.40	1	521	1	526	1	519
1	323	1	307	4	325.75	2	327.00	1	320	5	323.8	5	311.20	1	331	1	330	—	
1	380	1	363	—		1	376	1	367	4	377.5	3	367.33	1	382	—		1	375

太田縄文人(今道)		津雲縄文人(清野・他)		吉胡縄文人(清野)		関東縄文人(鈴木)	
n	M	n	M	n	M	n	M
9	183.7	16	186.4	42	183.3	82	181.9
9	144.3	18	144.4	43	145.0	82	144.1
9	139.4	13	134.0	12	137.7	33	138.5
6	79.3	16	77.7	38	79.2	82	79.2
5	75.8	13	71.6	11	75.4	33	75.6
6	96.3	13	92.2	12	95.7	33	95.4
7	532.1	15	532.3	38	525.2	80	524.3
8	322.1	16	310.3	39	321.8	53	321.0
5	371.8	13	375.0	18	375.0	37	377.2

表 2　顔面頭蓋計測値（男性，mm，度）

		クマヤ洞穴縄文晩期人(松下・他)		具志川島縄文人(松下・他)	
		n	M	n	M
45.	頬骨弓幅	—		3	142.67
46.	中顔幅	1	106	2	104.50
47.	顔高			2	119.00
48.	上顔高	1	65	2	65.50
47/45	顔示数（K）	—		2	82.37
48/45	上顔示数（K）	—		2	45.35
47/46	顔示数（V）	—		2	113.89
48/46	上顔示数（V）	1	61.32	2	62.66
40+45+47/3	顔面モズルス	—		2	121.00
51.	眼窩幅（左）	1	43	2	42.00
52.	眼窩高（左）	2	31.50	2	33.00
52/51	眼窩示数（左）	1	72.09	2	78.57
54.	鼻幅	1	28	2	25.00
55.	鼻高	1	52	2	50.50
54/55	鼻示数	1	53.85	2	49.53
72.	全側面角	1	85	2	89.00
73.	鼻側面角	1	87	2	91.00
74.	歯槽側面角	1	70	2	82.50

来，熊本県の 曽畑縄文人が 140 mm を越えて，頭の高さが高い。したがって，頭蓋長高示数および幅高示数も他の集団よりも大きな示数値を示している。種子島の長崎鼻縄文人の頭高は著しく低く目立っているが，沖縄県の縄文人の頭の高さはけっして低くはなく，むしろ九州の縄文人よりも高いということは注目に値する。すなわち，頭の高さは南部でより高い傾向があるようである。

　表2は顔面頭蓋の主要計測値である。縄文人は顔の幅径が広く，高径が低いいわゆる「低・広顔」の容貌をしている。表2では顔高がやや高い（顔高が 119 mm）具志川島，御領，曽畑と極端に低い

	市来縄文人(内藤・他)		出水縄文人(大森・他)		阿高縄文人(大森)		御領縄文人(金関・他)		曽畑縄文人(小片・他)		轟縄文人(松下・他)		脇岬縄文人(松下・他)		佐賀縄文人(松下・他)		白浜縄文晩期人(松下・他)		山鹿縄文人(九州大学)	
	n	M	n	M	n	M	n	M	n	M	n	M	n	M	n	M	n	M	n	M
	1	140	—		—		2	141.00	1	144	1	139	1	149	1	(146)	—		3	146.3
	1	104	—		—		2	107.50	1	107	1	102	2	107.00	1	102	1	[100]	4	108.3
	1	116	—		—		2	119.00	1	119	1	107	2	115.00	1	107	1	106	4	116.0
	1	66	—		—		2	67.50	1	(74)	1	60	2	67.00	1	64	1	59	4	69.0
	1	82.86					1	83.90	1	82.64	1	76.98	1	77.85	1	(73.29)	—		3	79.5
	1	47.14					1	50.00	1	(51.39)	1	43.17	1	45.64	1	(43.84)	—		3	47.6
	1	111.54					1	117.80	1	111.21	1	104.90	1	105.45	1	104.90	1	[106.00]	4	107.4
	1	63.46					1	63.50	1	(69.16)	1	58.82	1	61.82	1	62.75	1	[59.00]	4	63.9
	1	120.00					1	122.30	1	(122.33)	—		—		1	(118.67)			1	124.0
	1	45	1	42	2	41.50	3	43.00	1	44	—		3	45.00	1	47	1	46(右)	4	43.3
	1	(34)	1	32	2	32.00	3	33.67	1	36			3	33.67	1	34	1	30(右)	3	32.0
	1	(75.56)	1	76.19	2	77.54	3	78.33	1	81.82			3	74.85	1	72.34	1	65.22(右)	3	73.9
	1	25					2	27.00	1	27	1	27	1	29.00	1	26	1	23	3	28.0
	1	51					2	51.00	1	55	1	47	2	50.50	1	50	1	45	4	49.3
	1	49.02					2	52.90	1	49.09	1	57.45	2	57.45	1	50.00	1	57.78	3	56.4
	1	73					2	83.75	—		1	79	2	79.00	1	82	1	75	2	85.5
	1	73					2	89.50			1	85	2	80.50	1	83	1	76	2	88.1
	1	73					2	75.50			1	56	2	73.50	1	78	1	72	2	77.5

	粉縄文人後期(内藤・他)		稲荷縄文人(小片・他)		草木縄文人(小片・他)		太田縄文人(今道)		津雲縄文人(清野・他)		吉胡縄文人(清野)		関東縄文人(鈴木)	
	n	M	n	M	n	M	n	M	n	M	n	M	n	M
	—		1	145	1	[142]	1	140.0	6	143.2	9	140.1	40	144.6
	4	101.00	1	103	1	96	3	107.7	9	103.6	22	104.1	46	104.8
	4	111.50	2	113.50	1	111	7	113.4	11	115.8	13	116.1	35	115.5
	3	61.33	1	66	1	59	6	68.7	13	67.0	15	64.3	46	66.0
	—		1	82.07	1	[78.17]	1	77.9	4	79.6	5	81.2	28	80.2
	—		1	45.52	1	[41.55]	1	47.2	6	48.3	4	45.1	38	45.4
	4	110.46	2	110.71	1	115.63							33	110.2
	3	58.27	1	64.08	1	61.46	3	64.0	8	67.7	14	60.5	41	63.2
	—		—		1	[118.00]	—		—		—		—	
	4	43.00	1	33	1	42	4	43.0	14	43.5	20	42.6	36	43.2
	4	32.50	1	32	1	34	4	31.3	12	33.5	17	33.1	36	33.0
	4	75.63	1	72.73	1	80.95	4	73.0	12	76.5	14	77.9	36	76.9
	1	23	1	28	1	24	6	25.5	13	26.6	21	26.6	47	27.1
	4	49.00	2	47.00	1	**45**	6	50.0	14	48.6	15	48.0	45	49.6
	1	46.00	1	58.33	1	**53.33**	4	51.3	12	54.5	14	55.0	45	54.8
	3	80.33	—		—		3	81.0	13	81.9	6	80.8	—	
	4	85.00	—		—		3	82.7	14	85.8	9	86.6	—	
	3	69.00	—		—				13	70.9	7	68.6	—	

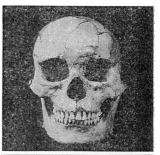
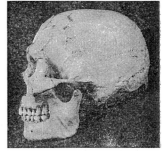

図1 長崎県出土の縄文後期人骨
(男性,熟年)

轟,佐賀,白浜,草木とその両群の中間値を示す一群との合計三群に分けることができる。顔高がやや高いグループでも具志川島および御領縄文人は顔示数および上顔示数が小さく,顔面のプロポーションはやはり「低・広顔」傾向を示している。しかし,曽畑縄文人の上顔高は(71 mm)を示し,上顔示数は大きくなり,北部九州弥生人に近い値を示しており,縄文人としては特異的である。

また,極端に顔面の高径が低い縄文人が長崎県の離島(対馬の佐賀,五島の白浜)に認められることと沖縄県の縄文人がけっして低くないことは九州の縄文人の地域差を考える上では注意しておく必要があろう。

すなわち九州・沖縄の縄文人は,頭型は基本的に短頭に傾き,顔面には「低・広顔」傾向が認められるが,頭型が長頭に傾く一群が長崎,熊本の海浜部と大分の山間部に認められ,頭の高さは沖縄が高く,顔面の高径が著しく低い一群がやはり

長崎，熊本の海浜部と大分の山間部に存在する。そして沖縄の縄文人には質的な違いが認められるが，その他の大きさなどは九州島の縄文人と大差なく，けっして小さくはない。沖縄と九州島との骨質的差，頭型や顔の高径の差が何に起因するのかはまだわからないが，資料が増加すれば，もう少し詳しい地域差が浮かび上がってくるであろう。

　最後に推定身長値で体格を検討してみる。表3は男性の主な推定身長値である。

表 3　推定身長値（男性, cm）

遺跡名	n	平均値
クマヤ	2	160.08
具志川島	5	155.75
市来	1	163.46
出水	1	149.36
阿高	4	160.69
御領	2	162.71
曽畑	1	161.21
脇岬	3	162.46
佐賀	1	160.82
白浜	1	157.63
山鹿	2	158.2
枌（後期人）	5	157.63
草木	1	155.94
横尾	2	157.07
津雲	13	159.88

　まず，著しく低身長のものが目に付く。それは出水貝塚人である。これは筆者も実見し，計測したので間違いない。これほどの低身長値を示す縄文人は現在のところこの出水縄文人のみである。これに次いで低いのが大分県の草木縄文人と沖縄の具志川島縄文人である。ただし，具志川島人では 155 cm 以下の著しく低身長のものと 158 cm 前後のものとが存在し，また，クマヤ縄文人も 160 cm 程度であることなどから沖縄の縄文人を低身長と決めつけてしまうわけにはいかない。沖縄の古人骨はけっして単純ではないのである。この具志川島縄文人の沖縄での位置も含めて沖縄の古人骨については別の機会に検討したい。また，鹿児島県の市来，熊本県の阿高，御領，曽畑，長崎県の脇岬，対馬の佐賀縄文人は 160 cm を越えることから，九州西部の海浜部の縄文人は高身長の傾向があるようである。

4　埋葬形態

　縄文人の埋葬姿勢は一般的には屈葬で，上肢・下肢とも関節を屈曲した状態で人骨が出土することが多い。しかし，必ずしも屈葬ばかりとはいえない。枌洞穴の縄文後期の人骨は下肢が伸展状態であったし，対馬の佐賀貝塚人も屈葬ではなかった。また，沖縄のクマヤ洞穴では改葬が行なわれていた。沖縄で縄文時代に伏臥葬が存在したかどうか，まだ確認はできないが，宜野湾市の真志喜安座間原遺跡などにみられるように，弥生時代相当期には確実に伏臥伸展葬が沖縄には存在する。また，九州島では熊本県の七ツ江カキワラ貝塚人の1例も伏臥葬であった。この例からも伏臥葬は縄文時代から存在するようであるが，これはきわめてまれであり，またどのような意味を持つのかは今のところ不明である。

註
1)　曽畑（小片・他），轟（松下・他），脇岬（松下・他），稲荷（小片・他），草木（小片・他）は未発表資料
2)　頭蓋長幅示数と頭型

頭蓋長幅示数	頭型
70.0〜74.9	長頭型
75.0〜79.9	中頭型
80.0〜84.9	短頭型

参考文献
小片　保，1981：縄文時代人骨，人類学講座 5　日本人 I：27—55，雄山閣出版

山口　敏，1982：縄文人骨，縄文文化の研究 1　縄文人とその環境：16—88，雄山閣出版

森本岩太郎，1981：日本古人骨の形態学的変異—扁平脛骨と蹲踞面—，人類学講座 5　日本人 I：157—188

平本嘉助，1981：骨からみた日本人身長の移り変わり，考古学ジャーナル，197

特集● 貝塚が語る縄文文化

沖縄諸島の貝塚

沖縄県教育委員会　**盛本　勲**
（もりもと・いさお）

沖縄諸島には各時代にわたる多くの貝塚が
あるが，その研究はまだ緒についたばかり
であり，今後の詳細な調査研究が待たれる

　島々から成る沖縄諸島は，先史時代より海との関わりが強かった。このことは，鹹水産貝を主体とした貝塚が各地に各時代にわたって多く残されていることや，貝塚出土の他の内容物からも理解できる。

　かつて，鹿化石の調査で伊江島に来島した徳永重康は，沖縄諸島の先史時代を貝塚時代（Shell Midden Age）と呼んだ。徳永は，土器出現以前の旧石器時代と土器を伴う縄文時代以後の遺跡とを区別するということから，暫定的にこの名称を使用したようであるが，これが久しく受け入れられている一面には，沖縄諸島の先史遺跡には貝塚を伴った遺跡が多いということを表徴する意図をも内包しているものと推考する。

　以下，沖縄諸島の貝塚について，その立地との関係，堆積状況，内容物などを簡述する。

1　遺跡の立地と貝塚の関係

　高宮廣衞作成の編年区分に従えば[1]，沖縄先史時代は前期・後期の２期に大別され，前期は縄文時代，後期は弥生時代から平安時代初頭に併行させている。さらに前期は５期に，後期は４期に細分している。

　各時期の遺跡の立地と貝塚の関係を概観すると，最古の土器文化段階である爪形文土器期の前Ⅰ期（縄文早期相当）は，遺跡数が少なく一般化するには疑問を残す。だが，現状からして読谷村渡具知東原遺跡や嘉手納町野国貝塚群B地点などのように，河口や海岸近くの岩陰や半洞穴あるいはその前庭部などを住居空間とし，近隣の低地（標高１〜５ｍ）に貝塚を形成しているものと推察される。次期の前Ⅱ期（縄文前期相当）の室川下層式や曽畑式，条痕文系土器出土の遺跡は，その多くが前Ⅰ期の爪形文土器を出土する遺跡と同一の遺跡から出土していることからして，貝塚の立地も前時期を踏襲しているようである。ただ，沖縄市室川貝塚のみは唯一例外で，内陸部の石灰岩台地の崖下に立地している。前Ⅲ期（縄文中期相当）は，面縄前庭式土器系統の土器群を標式とし，具志川式，神野Ｃ式，面縄前庭式などの土器型式がある。当該期も周知の遺跡が少なく判然としないが，これまでの例からして，貝塚は海岸砂丘地に立地している場合が多い。

　次期の前Ⅳ期（縄文後期相当）前半の神野Ｄ・Ｅ式土器期は，前時期の土器群を出土する遺跡で重層して出土する例が多いことから，同様な立地をなしていたものと推考する。だが，中葉の伊波式土器以後になると，地形的条件からして二大別される。その一つは，沖縄本島本部半島と名護市から宜野座村をつなぐライン以南の立地例である。この地域は，石灰岩台地の発達が顕著であることから，石川市古我地原貝塚や沖縄市の八重島貝塚，あるいは同市馬上原遺跡と室川貝塚の関係などで明らかになったように，台地上（崖上）の住居空間と，崖下の捨て場としての貝塚という有機的関連性をもっていたことがわかる。しかし，この石灰岩台地の発達が貧弱である本島北部や周辺離島などでは，砂丘地を基本的な生活空間としていたため，住居空間と貝塚が同一面上で検出される場合が多い。だが，当該期の終末期頃から前Ⅴ期（縄文晩期相当）になると，本島北部でも，国頭村宇佐浜遺跡などのように，台地上の開地に遺跡を形成する例が多くなるが，一方では明確な貝塚を伴う例が少なくなるようである。

以上が縄文時代併行期の大まかな遺跡立地，あるいは集落と貝塚の関係についての様相である。

しかし，次期の後期，すなわち弥生時代〜平安時代初頭併行期になると，沖縄諸島は全域的に遺跡の立地が海岸砂丘地へと移行していく傾向を示す。そして，当該期には住居空間と貝塚の境がさほど明確でなく，同一面上に混在して検出されることが多くなる。まれにブロック状の小規模な貝塚を形成する場合がある。また，貝層内からはしばしば柱穴やイモガイ科やゴホウラなどの貝の集積遺構が検出されることがある。

次に，これらの貝塚の堆積状況を概観すると，大規模に盛り上げてマウンド状をなす例は希少である。これらは，前IV期中葉以後〜後半頃の比較的短期間のしかも石灰岩台地の発達が顕著である沖縄本島中南部の限られた地域では崖下の斜面地，あるいは石灰岩の裂け目などに比較的小規模に堆積する例がある。砂丘地を生活の場とし，住居部分と貝塚の境が明確でなく比較的混在した状態で面をなして広がるあり方が基本のようである。

2 貝塚を構成する動物遺体の内容

a．貝類

出土貝類は，棲息域により鹹水産，汽水産，陸産がある。このうち，陸産貝ではオキナワヤマタニシやシュリマイマイなどを主体としている。玉城村百名第二貝塚などのような前IV期後半の石灰岩の崖下や裂け目などに形成された貝塚などで主体を占める例が多いが，砂丘上の貝塚でも見られる。目下のところ，これらが食料の対象となったかということについては，評価の分かれるところであり，今後の検討課題であろう。

汽水産はマングローブの泥底や河口の干潟などに棲息するシレナシジミやキバウミニナ，センニンガイなどがあり，石川市古我知原貝塚（前IV期）などの河口近くに形成された貝塚からの出土が知られるが，これらを主体貝とする貝塚は僅少である。

このようなことから，ここでは出土量の多い鹹水産の貝類組成について，遺跡立地などをも考慮しながらその概要を述べる。これらの貝類組成は，貝塚の立地や採取対象となった海岸形態の違いなどからして，大きく二つに分けられる（図参照）。

その一つは，沖縄本島西海岸や周辺離島のようにサンゴ礁を前面に控えた海岸地形を有する場合である。この立地環境では，海岸形態が変化に富んでいることより，多種で大小様々な貝類の棲息がみられる。そのため，この立地環境を控えた貝塚では種類数が多く，そのほとんどが100種以上に達している。その中でも最も主体を占めるのは，潮間帯〜潮下帯の砂礫底に棲息するマガキガイである。これとセットをなすのが，同じく砂礫底に棲息するヒレジャコやシャゴウ，イモガイ類と死サンゴ周辺に多いニシキウズガイ，メンガイ，ヒメジャコガイ，シラナミ，干瀬に棲息するチョウセンサザエ，礁斜面に棲息するサラサバテイ，ヤコウガイなどの比較的大型で多肉質の貝類である。

これらの貝類を主体とする貝塚は，大宜味村喜如嘉貝塚（後期），本部町具志堅貝塚（後期），伊江村阿良貝塚（後期），同具志原貝塚（前期〜同後期），恩納村伊武部貝塚（前IV期），勝連町キガ浜貝塚（前IV期），嘉手納町野国貝塚B地点（前I〜II期），具志川村清水貝塚（後期）などがある。

他の一つは，これらとは対象的に金武湾や中城湾などの沖縄本島の東海岸一帯に面した立地の貝塚群出土の貝種である。これらの海岸形態は，緩やかな内湾をなし，前面にサンゴ礁を控えていないところが多く，サンゴ礁を控えていても礁原幅が広いという特徴を有している。また，背後の陸地形が沖積地をなしていることも特徴の一つとしてあげられる。

この形態の立地環境をもつ貝塚では，前者に比して種類数は少ない。主体を占めるのは，泥底に棲息するアラスジケマンガイや，潮間帯砂地に棲息するイソハマグリ，潮間帯中・下部の転石に棲息するカンギクなどである。これらを主体的に出土する貝塚としては，金武湾口に面して立地する具志川市宇堅貝塚群（後期），同アカジャンガー貝塚（後期）や，中城湾北方の泡瀬海岸の干潟海岸に面して立地する勝連町勝連城跡南貝塚（後期〜グスク時代），同北貝塚（グスク時代），同湾南方に面して立地する西原町与那城貝塚（後期），南部東海岸の入り江の奥に立地している玉城村百名第二貝塚（前IV期）や知念村熱田原貝塚（前IV期）などがある。

このように，沖縄諸島の貝塚の鹹水産貝種組成のあり方は，基本的には二者に大別される。このことは，海岸形態の形成のあり方とも関与しているものと推考される。また，サンゴ礁を前面に控えている地形においても，さらには海岸線とサン

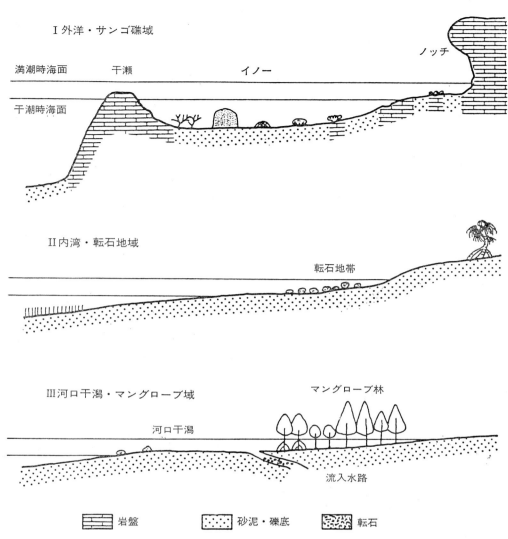

波浪の変化に基づく海洋地形の3タイプ（模式図）
（黒住耐二「第6節3 遺跡出土貝類の生息場所類系化の試み」『古我地原貝塚』1987 より）

ゴ礁間の広狭，すなわち礁原幅，あるいは貝塚周辺の微地形の変化，個々の遺跡間の嗜好性や社会的要因などにも左右されていたであろうということは容易に推測される。

b．哺乳動物

九州島までの列島内における旧石器時代以後の食料とされた代表的な陸獣は，シカとイノシシである。しかし，島々からなる沖縄諸島では，更新世にあたる旧石器時代相当期にはリュウキュウジカなどの古型シカ類は比較的多数検出されているものの[2]，完新世（縄文）以降にこれらが棲息していたか，ということについては判然としない[3]。このようなこともあってか，沖縄諸島では縄文時代以後の哺乳動物の主体は，小型のリュウキュウイノシシを主体とし，海棲哺乳類のジュゴンが加わるという組成をなす。爪形文期の野国貝塚群B地点出土の膨大なイノシシを調査研究した川島由次・村岡誠によると「初歩的な骨髄食と，脳底を割って大脳を食べる風習」がすでに認められると指摘されている[4]。骨片の出土が多い沖縄諸島の貝塚出土のイノシシ骨の食習を考える上で考慮すべきことである。

ジュゴンは，その生態上奄美以南の亜熱帯から熱帯地方に棲息する海棲哺乳動物である。

沖縄諸島では，最古期に位置づけられている爪形文期の野国貝塚群B地点IV層よりその遺存骨がみられ，以後多くの貝塚や遺跡から出土する。その骨を利用した製品は，種類やバリエーションと

も非常に多岐にわたって利用されている。とりわけ，太くしかも湾曲の弱い肋骨は，海綿質が堅固であることより，縄文時代以後九州以北で骨製品の素材となる鹿角に対比されるほどの利用頻度の高さをもっていたようである。

c．魚　類

魚類は，ほとんどの貝塚で主体をなしているのがサンゴ礁を中心として棲息しているブダイ類やベラ類，ハタ類，ハリセンボン類，フエフキダイ類などである。

これらの魚種は，そのほとんどが満潮とともにリーフ内に回遊してきて給餌，あるいは休息後，干潮とともにリーフ外へ出て活動するという習性をもっている。このため，民俗例などで明らかになっているように[5]，これらの魚種は共伴する二枚貝製漁網錘を使った網漁で捕獲したものであろう[6]。このことは，出土魚骨の大きさにバラツキがあることを示唆している。

また，少量ではあるが，ウツボ類やアナゴ類，サメ類などもみられる。

この他に，は虫類のカメ類や，イルカ類，クジラ類などもみられるが，カメ類以外は少量である。カメ類には，リクガメも含まれるが，量的に多いのはウミガメである。また，ウニ類やカニ類，ヘビ類，鳥類などもみられるが，これらも僅少である。

3　おわりに

今後の沖縄諸島の貝塚の調査研究に関するいくつかの問題点について指摘しておきたい。

まずはじめに資料の採取方法である。1でも述べたように，沖縄諸島の貝塚は大規模に盛り上げてマウンド状をなす例は希少であり，そのほとんどが薄く広範囲に広がる堆積をなしていることが多い。まれに厚みのある貝層があっても，石灰岩の裂け目であったり，凹地であることが多い。また，サンゴ礁域の貝塚では大型の貝類が主体をなしていることもあってか，これまで単位堆積におけるブロックサンプリングによる資料採取方法を採用した例は極めて少ない。これまでは，そのほとんどが発掘時における採集方法を採っているため，微細遺物についてはエラーが多いはずである。今後は，両者を併用して微細遺物の検出にも努めるべきであろう。

また，個々の遺物については，現棲標本の作成に努める一方，それらを多用し，正確な同定を行なわなければならないことは多言を要しない。と同時に，出土資料の資料批判も要求される。とりわけ，報告された貝類についてはアンボイナガイやヘビガイなどのように，明らかに食料の対象には成り得ないものなども含まれているからである。また，砂丘上の貝塚出土の巻貝には，オカヤドカリ類などによる持ち込みなどが含まれていないかということも検討しなければならない。黒住耐二の研究によれば，オカヤドカリの宿貝は，琉球列島に棲息する腹足類の49科249種に確認されている[7]。そして，本部町具志堅貝塚出土巻貝を調査研究した氏は，多くのオカヤドカリ類の使用痕がみられ，同貝塚出土の食料残滓と推測される巻貝類は約50％以下であるという[8]。

註

1)　高宮廣衞「暫定編年（沖縄諸島）の第三次修正」沖縄国際大学文学部紀要，12-1，1984

2)　大城逸朗・野原朝秀「琉球列島における鹿化石産出地について」沖縄県立博物館紀要，3，1977
　　大城逸朗・長谷川善和「大型動物化石分布と動物の渡来」『沖縄歴史地図―考古編―』1983

3)　大塚裕之「地史学的にみた琉球列島の動物相の起源」『昭和58年度科学研究費補助金（総合研究（A））研究成果報告書』1984

4)　川島由次・村岡　誠「野国貝塚群B地点出土の獣骨について」『野国―野国貝塚群B地点発掘調査報告』1984

5)　拙稿「奄美・沖縄諸島地方における貝製漁網錘の研究（その1・2)」物質文化，37・38，1981・1982

6)　拙稿「琉球列島の貝製漁網錘」季刊考古学，25，1988

7)　黒住耐二「Ⅶ．オカヤドカリ類と宿貝との関係」あまん　AMAN，1987

8)　同上

特集● 貝塚が語る縄文文化

貝塚の保存と活用
―― 千葉市加曽利貝塚を実例として ――

創価大学教授 後藤和民
（ごとう・かずひと）

日本最大の規模をほこる千葉市の加曽利貝塚では30年にわたる保存運動の成果がようやく実り，広域公園化の建設が進んでいる

1 保存か活用か

かつて1960年代に，文化財保護の目的は保存にあるか活用にあるかが真剣に論ぜられたことがある。以来30年を経た今日，現在および将来において十分に活用しうるような保存でなければ無意味であることを認めない者はいないであろう。

縄文貝塚にしても，貝塚の存在意義をどのように捉え，現在および将来においてどのように活用するかという基本的な観点や具体的な目的意識がなければ，何らの実際的な保存処置も講ぜられないはずである。

1962年に全面破壊の危機に瀕した千葉市加曽利貝塚の保存運動に参加して以来約30年間，常に筆者は加曽利貝塚の保存と活用にかかわってきた。とくに1978～90年，千葉市内の史跡整備計画の策定に従事し，その望ましい志向性を求めて多角的な調査・研究に没頭してきた。その結果，12名の専門家による委員会とともに案出した構想を，現に実現しつつある実例として紹介する。

2 加曽利貝塚の捉え方

実は加曽利貝塚は，1962年以降にも数度にわたって破壊の危機に瀕し，その都度緊急調査が行なわれ，新事実の発見によって全国的な保存運動が展開されてきた。その結果，加曽利貝塚の捉え方も変化し，したがってその保存の対象範囲も大きく拡張されてきたのである。

（1）「貝塚」としての把握

縄文貝塚は，全国で約1,100カ所を数え，その約半数の560カ所が千葉県に集中し，とくに東京湾沿岸の千葉市域には110カ所も密集している。そのなかで加曽利貝塚は，直径130mの北貝塚と170mの南貝塚という2つの馬蹄形貝塚が連結し，8字形の特異な形態と日本最大の規模を誇っているという。

従来貝塚遺跡は，そこに伴う貝類のカルシウム分によって，他の遺跡では残らない魚貝類や鳥獣類の遺体や埋葬人骨が保存されており，その分析によって，当時の狩猟・漁撈の実態が具体的に解明できる。とくに埋葬人骨は，当時の文化を築き，その遺跡を残した歴史の主人公そのものである。その様相によって，形質人類学の研究のほか，当時の家族形態や社会組織も究明しうる。

こうした貴重な資料や情報を豊富に保有するゆえに，貝塚は他の遺跡より重視されるのは当然だが，そのため，従来，貝塚遺跡の保存は，もっぱら貝層部のみが対象となる傾向が強い。この加曽利貝塚でも，南貝塚は当初その貝層部のみが保存されていたのである。

（2）「馬蹄形集落」としての把握

かねて考古学界では，貝塚はすべて日々の食糧残滓の「ゴミ捨場」と捉えられてきた。だから「馬蹄形貝塚」は，その内側に展開していた集落の形態を反映したものであり，この「馬蹄形集落」こそ，あたかも当時の集落の典型であるかのごとく捉えられていた。

はたして，当時の集落が馬蹄形貝塚の内側にのみ限定されていたか，その周辺部を発掘調査によって検証されたことは一度もない。にもかかわら

61

ず，南貝塚を集落として保存するには，その馬蹄形貝塚の範囲を残せば，当然その内側に「馬蹄形集落」が包含されるので十分だとされていた。

ところが，1970年，南貝塚の東側傾斜面に老人ホームを建設する計画があり，博物館で「遺跡限界確認調査」を実施した結果，貝塚の外周部にも点在貝塚を伴う住居址や貝塚を伴わない住居址が広範囲に多数分布していることが判明し，その保存運動が展開されるに至ったのである。

（3）　新しい可能性の把握

その他，整備に伴う発掘調査により，まず貝層部における貝類の集中投棄の様相，その季節的な断続性，焚火址の散在などから，馬蹄形貝塚は単なる日常の消費的なゴミ捨場などではなく，むしろ石材に乏しいこの地域の集落群が，その石材と交換するために，東京湾に豊富な貝類を干貝に加工する共同生産の場であった可能性を発見した[1]。

また，馬蹄形貝塚の周辺には，点在貝塚を伴う集落や貝塚を伴わない集落が多数分布しており，全国で最も貝塚の密集している千葉市域でさえ，縄文集落全体のごく少数（4.7%）を占めるにすぎない。その生成—発展—消滅の過程も，存続期間の長さからみてもきわめて特殊な存在で，決して馬蹄形集落という一般集落の典型などにはなりえないことは明らかである。

その特殊性を物語る事実として，この種の遺跡からは，周辺の一般集落からはあまり発見されない埋葬遺構や巨大竪穴などの特殊遺構，土偶・石棒・装身具などの特殊遺物が多種・多数，集中して発見される。これは，それらの特殊機能がそこに集中していたことを物語り，そこが周辺集落の共同祭祀，地域共同体結集の場であった可能性が強いのである[2]。

3　加曽利貝塚の整備と活用

（1）　活用の基本的観点

A．自然環境の確保……史跡とは，先人たちが大地上で種々の文化活動を展開した舞台であり，その生活環境や自然環境そのものである。その立地，地形，水利，植生，動物相，資源などの大自然と切り離しては存在しない。人間は大地の上でしか生きられない一動物であり，大自然の一生物である。その自然の把握なくして人間の歴史は捉えられない。縄文人の志向性は，彼らが選んだ自然環境の中にこそ秘められている。将来それを究

明するためにも，史跡の成立基盤となった自然環境は，当然確保されなければならない。

B．新しい「街づくり」……かねて都市計画と自然保護・文化財保護とは矛盾・対立するものと考えられてきた。しかし街づくりとは，元来地域住民の生活環境を整備し，その Amenity を確保するのが目的である。その生活環境の実体をなすのは自然と文化財であり，その自然環境と歴史環境によって構成される Amenity こそ不可欠な要素である。したがって本来，都市計画と自然保護・文化財保護とは矛盾・対立すべきではなく，今後の新しい街づくりのためには，この三者が有機的に調和・統合されなければならない。

C．野外博物館的整備……以上のように，自然と歴史と「街づくり」を調和させ，多角的・総合的な活用をはかるには，その自然や史跡の性格によって種々の方法が考えられるであろうが，そのなかで「野外博物館」的整備こそもっとも望ましいと思われる。

筆者のいう「野外博物館」とは，各地域に密着し，その地域の特性となるべき自然環境や歴史環境を，原形のまま現地に保存・整備し，それを野外に展示・公開することによって，来訪者が現地で実物を直接自分の眼で確かめながら，自分の実感によって，自由で自発的な各種の文化活動を行なう研究兼教育機関である。しかも，それ自体の存在によって，地域住民の豊かな生活環境を構成するような価値ある大地の広がりをいう。

（2）　保存の対象範囲

現在までに，史跡加曽利貝塚としては，南・北両貝塚を含む隣接部約 13.5 ha が買収されている。それは1962年以来数回にわたって破壊の危機に直面し，その都度緊急調査が行なわれ，集落遺構の発見により順次その部分が追加指定されたにすぎない。まだ本格的な調査によって，改めて加曽利貝塚の全域が確認されたことは一度もない。

しかし，1966年の開館以来，加曽利貝塚博物館の学芸員の踏査，表面採集，ボーリングなどによって，少なくとも次のような遺跡群が周辺部に展開することが認められている。

A．北側隣接部……縄文中期集落。竪穴住居址・貯蔵穴群を発見（モノレール用地）。

B．西側隣接部……縄文中期集落。一部発掘により点在貝塚を伴う住居址群を確認。

C．南側隣接部……縄文中・後期集落。元工場

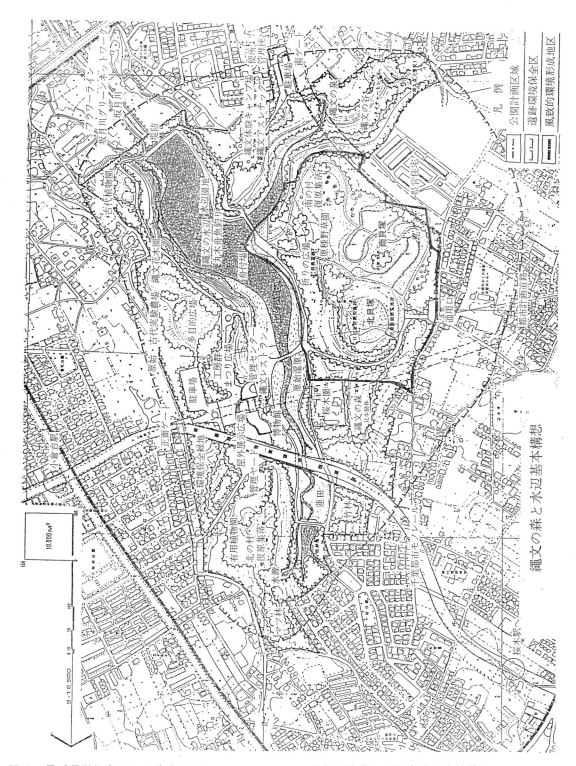

用地，最近県営住宅として造成された。
　D．東側対岸台地北半部……滑橋貝塚，縄文中・後期の点在貝塚を伴う集落（市指定史跡）。
　E．東側対岸台地南半部……縄文前期集落。土器片が密集して散布する森林荒地。
　F．南側対岸台地……縄文前〜後期集落。一部発掘し縄文中期と古墳時代の住居址発見。
　これらの遺跡群は，同じ台地上に隣接または支

63

谷を挟んで対面している以上，加曽利貝塚と無縁
ではない。当時の交通路や生活用水として不可欠
であった坂月川を共有していたことは，むしろ密
接な関係にある。その本格的な調査・研究を行な
う可能性を確保するためにも，これらを包含する
約 100 ha を必要とする。

（3） おもな整備の内容

A. 縄文植生の復原……坂月川の泥炭層試錐に
よる花粉分析とカーボン・デーティングの結果，
当時クヌギ・ナラ・イヌシデ・クリなどの堅果類
のほかに，ブナ林が存在していたことが判明し
た。これらの植生を全域に再現すると，そこには
縄文時代の独特な雰囲気や自然景観が醸成され，
貴重な環境となる。

B. 坂月川の復原……地質調査の結果，当時坂
月川は水量が豊かで泥炭層が 5〜6 m も堆積し，
各時期の花粉・種子・木製品などが豊富に遺存し
ていることが判明している。これを精査すれば
20〜30年を要し，その資料はぼう大な量となる。
しかし，最近上流部の開発や休耕田の増加などに
より，この泥炭層が涸渇・消滅する恐れがある。
その湿潤状態を維持し，当時の水辺景観を復元す
るため，下流部を堰止めて河流を再現する。

C. 集落群の復原……地下レーダー探査や試掘
によって，南・北両貝塚の周辺には各時期の住居
址群が広範囲に展開していることを予知している
が，向後本格的な発掘調査によってその集落形態
などを正確に捉え，順次各時期ごとの集落を現地
に復原していく。とくに，大型貝塚の周辺には同
時期の小型貝塚を伴う集落や貝塚を伴わない集落
が共存していた事実を示し，それらの全体的様相
から大型貝塚の意義を考える展示とする。

D. 南貝塚の貝層断面固定……現在北貝塚に露
呈されている 1 カ所だけによって，貝塚全体の様
相を連想させるのは妥当ではない。少なくとも南
貝塚にも露呈して，時期の異なる両者を対比さ
せ，漁撈活動の時期的変化を明示する必要があ
る。貝殻の集中投棄や干貝加工の様相を，現地で
実物によって展示すれば，大型貝塚を理解させる
最善の方法となる。

E. 特殊遺構の固定……これまでの調査でも，
人骨の埋葬ゾーンや土偶の集中投棄の地点などが
予測されているが，将来の計画的な調査によって
一つ一つ現地に定着していく。例えば1965年に北
貝塚東南端で，1 軒の住居址に折り重なった 4 体

の人骨が発見されたが，これは不慮の死による特
殊埋葬で，一家族の構成を示す重要な事例として
現地に展示する。また1972年に東傾斜面で発見さ
れた長軸 19 m・短軸 16 m の大型竪穴は，共同祭
祀を行なった特殊施設であった可能性が強いの
で，その機能や意義を考えるため，現地に構造的
復原を行なう。

F. 新博物館の建設……現存の博物館施設は，
史跡の中央にあり，狭少のあまりすでに機能を果
せない状況にあるが，史跡を破壊し景観を損ねる
ので増改築ができない。新しい野外博物館の中核
的な機関として，縄文貝塚に関する基礎的な調
査・研究，その成果に基づく展示活動や教育・普
及活動，それに関連資料の収集や保管のメッカと
するため，新しい構想による新しい博物館を建設
し，各専門の学芸員を拡充すべきである。

G. 体験学習の場……これまで行なってきた
「縄文土器づくりの会」をはじめ，「竪穴住居を作
って住んでみよう会」など，博物館の実験的研究
の成果を市民に還元し，体験学習や自己学習など
各種の事業を行なう。そのため各種の実験室や体
験学習棟などを設置する。

4 「縄文の森と水辺」構想

かねて千葉市では，都市づくりの基本テーマと
して，「恵まれた緑と水辺の都市宣言」を行ない，
その象徴的な広域公園の建設を企画し，その候補
地を探していた。そこに，以上のような千葉市教
育委員会の原案[3]が発表され，千葉市都市局では，
加曽利貝塚東側の坂月川を堰止めて縄文時代の川
を復原し，その両岸に豊富な緑とともに縄文植生
を復原する構想に着目した。そして1987年，その
原案の過半を採用した『野外博物館・縄文の森と
水辺基本構想』[4]（別図）を公表し，その事業決定
を行なうに至ったのである。

註
1) 後藤和民「縄文時代における東京湾沿岸の貝塚文
   化について」『房総地方史の研究』雄山閣，1972
2) 後藤和民「馬蹄形貝塚の再吟味」『論集日本原史』
   吉川弘文館，1985
3) 『千葉市史跡整備基本計画』千葉市教育委員会・
   千葉市史跡整備委員会，1985
   『史跡加曽利南貝塚整備基本計画』千葉市教育委
   員会，1986
4) 『野外博物館・縄文の森と水辺基本構想調査報告
   書』千葉市，1987

<全国貝塚最新情報>

北海道戸井貝塚

■ 古屋敷則雄
戸井町教育委員会

1 遺跡の位置と環境

戸井貝塚の所在する戸井町は，函館から西へ車で約 30 分ほどの東経 140°52′2″，北緯 41°42′5″に位置し，津軽海峡に面した 16.5 km の海岸線に広がる町である。対岸の青森県下北半島とは汐首岬からわずかに 17.5 km の距離であり，天気のよい日にはその町並みを見ることもできる。気候は海洋性気候で，寒暖両海流の交点にあることから豊富な水産資源に恵まれ，昭和初期にはイワシ漁の最盛期を迎える。現在でも真コンブ・ワカメの海草類，イカ・タコ・ウニ・アワビなどの水産動物，カレイ・イワシ・ソイ・サケなどの魚類などが水上げされる。

戸井貝塚は北海道・本州最短地点の汐首岬から約 5.2 km 東方，海岸から約 200 m，熊別川から約 200 m 離れた標高約 4.5 m～7 m の地点に所在する。この熊別川を隔てて対岸へ約 300 m の海岸段丘上には縄文時代早期～後期の浜町A遺跡が所在する。

2 調査の経緯

戸井貝塚の調査は，一般国道 278 号戸井町市街改良工事予定地内の緊急発掘調査として函館開発建設部と戸井町の委託契約によるもので，戸井町教育委員会が主体者となって実施した。昭和 62年に，北海道教育庁社会教育部文化課によって実施された分布調査で発掘調査の必要性が認められた部分，5,150 m² について平成元年 より調査が開始され，初年度は，調査区内に所在する貝塚の 1/2 にあたる 50 m² と，貝層部周辺の主に円筒下層 a 式・b 式の包含層について調査を行なった。次年度には貝層部の残りと貝層部周辺の円筒下層式の竪穴群などについて調査を進め，平成 3 年にはさらに南側へと続く 竪穴群の 調査 が行 なわれた。平成 4 年の調査で，工事予定地内にかかる本遺跡の調査は終了の予定である。

これまでに出土した遺物の 総数 は，すでに 40万点を越える膨大なものとなっている。

調査は，基本的には上記のとおり戸井町教育委員会が主体者となって実施したが，貝層部分の調査については戸井町教育委員会の委託を受けた国立歴史民俗博物館の西本豊弘助教授と，派遣依頼による寿都町教育委員会の内山真澄氏を調査員とし，学生数名を調査補助員とする調査チームによって進められた。調査は次年度も継続して実施され，調査区内の貝層約 100 m² についての調査をすべて終了した。貝層部分の発掘報告書については，平成 4 年度刊行予定のため現在整理継続中である。

3 遺跡の内容

戸井貝塚は，ムラサキインコ・タマキビなどを主体とする 縄文時代後期初頭の岩礁性貝塚である。貝層は最大層厚約 1 m にも及ぶ規模の大きなもので，道内でも有数の貝塚として知られる。

貝類 として，このほかオオヒタチオビ・ヌノメカズラガイ・クロタマキビ・マクラガイ類・ヒレガイ・エゾチヂミボラ・ヒメエゾボラ・イボニシガイ・ヘソアキクボガイ・クボガイ・イシダタミ・ツメタガイ・エゾタマガイ・キサゴ・サザエ・コベルトフネガイ・イガイ・マガキ・ハマグリ・ビノスガイ・ヌノメアサリ・ユキノカサ・サルアワビ・エゾアワビ・ホタテ・オオバンヒザラガイ・ベンケイガイ・シラトリガイ類・エゾキンチャクガイ・バフンウニ・ムラサキウニなどがある。また，イタボガキ製の貝輪やイモガイ製の有孔品，タカラガイ製品などの南方に産するとされる貝類で作られた製品もある。この南方産の貝類については，続縄文文化期の所産である伊達市有珠10遺跡より出土したイモガイ製の貝輪が記憶に新しい。本遺跡の資料もまた当時の交通を考える上で重要な発見と言えよう。

貝層中から出土する魚類としては，ソイ・ヒラメ・マダイ・マグロ・ブリ・サメ・アブラコなどがある。鳥類ではアホウドリ・ヒメウなどが見られ，陸獣類ではエゾシカが最も多く，ヒグマ・オオカミなども見られる。エゾシカは頭骸の 後部や，その他ほとんどの骨が打ち割られていることから，脳髄・骨髄をよく食していたことがうかがわれる。海獣類としてはトド・アシカ・イルカ・オットセイ・クジラなどがあるが，このうち最も多く見られるものは，オットセイのとくに雌の成獣のものである。このことについては，当時遺跡の近海がオットセイの回遊ルートにあたり，とく

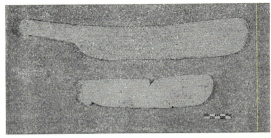

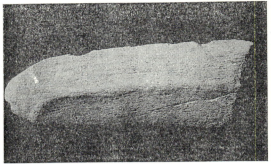

図1 鯨骨製の骨刀

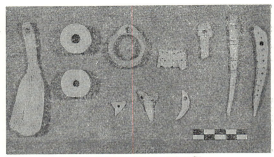

図2 戸井貝塚出土の骨角器類
（左からスプーン状骨角器，垂飾品，櫛，ヘアピン）

に成獣雌の越冬地であったことなどが考えられる。貝層中の獣骨の主体を占めるエゾシカとオットセイは全層にわたって見られるが，とくに貝層の下部に集中する。その出土状態は，骨塚と呼んでもよいほどのもので，直径4mほどの範囲にエゾシカとオットセイがそれぞれ約200体近くも密集するものである。これは比較的短期間の廃棄と見られるものだが，その数の多いことから考えて大きな集団での統制のとれた狩猟が，一時期に集中して行なわれたことをうかがわせるものである。また，貝層に隣接する区域の円筒下層a式，b式の土器を包含する層からも獣骨が多数確認されている。これは，貝層を持たないために脆くなってはいるが，5〜10cmの厚さでエゾシカや海獣類（主にクジラ）の骨が層を成すもので，推定約250m²の範囲に広がる。本遺跡周辺が縄文時代前期よりすでに優良な狩猟・漁撈地とされていたことを示すものと言える。

骨角器は，銛先・釣り針・骨針・櫛・垂飾品・ヘラ・骨角偶・骨刀など多種出土しており，総数は800点を越える。このうち，釣り針などの小さなものの多くは，水洗い・ふるい掛けでの発見である。50cmメッシュでの慎重な調査にも関わらず見落していた資料の多いことは，貝層すべてについての水洗い・ふるい掛けの重要性を物語るものであろう。

多種出土した骨角器のうち，最も数の多いものはヘラ状の製品と釣り針である。釣り針は単式のものも若干見られるが，主体を占めるのは組み合わせ式のものである。

このうち特記すべきはエゾシカの角根部を素材とした角偶の完形品であろう（口絵参照）。

これは90年の調査で出土したもので，全長5cm，幅3cm，厚さ4〜5mmの完全なものである。偶の頭部にあたる部分には直径3mmほどの貫通孔があり，全身に陰刻による装飾が施される。垂れ飾りとして使用された可能性も考えられるが，その用途については土偶などとの関係からも考慮されるべきであり，今後の課題となろう。また，このほかにも鯨骨製の骨刀が数点出土している。これは，柄部を欠くが刃部に溝を刻み突起を持つ青竜刀形のものと，鉈形を呈する完形のもの，この他，刃部の下を欠損する先端の尖った両刃のものがある（図1下）。これは両面中央部に銅鉾のしのぎにも似た隆起帯が陽刻されたもので大陸文化との関係も想定され，今後の研究に大きな期待が持たれるものである。

貝層中より出土の土器群は，従来より縄文時代中期末葉から後期初頭に編年されてきたものである。すなわち，煉瓦台式，大木10式併行土器に相当するものから余市式系の貼付帯を持つ土器群，涌元式の新しい方に分類される土器までが含まれる。海峡を越えた青森県に出土する資料と近似した内容を示すものも多く，本遺跡が南の文化影響をダイレクトに受ける位置にあったことをあらためて伺わせる。今後，これらの資料を層位的に見て行くことで当概時期の土器群の前後・共伴関係やその内容がより明らかとなることが期待される。

<全国貝塚最新情報>

岩手県二子貝塚

■ 千 葉 啓 蔵
久慈市教育委員会

　二子貝塚は岩手県久慈市長内町に所在する。岩手県北部沿岸地域は隆起性の海岸段丘が発達しており，その段丘が大小の河川に開析され，主な地形が形成されている。二子貝塚は久慈湾を眼下に臨む，標高約 30 m の低位段丘面に立地する。海岸線は断崖で，貝塚の西側は玉の脇川が北流し太平洋に注ぐ。貝塚付近の海岸は岩礁地帯であるが，北側の久慈湾付近には砂浜が形成されている。

　二子貝塚の面積は約 600 m² で，現況は畑地および一部荒れ地でほぼ平坦な地形を呈する。畑地部分においては一部で耕作が貝層に達しており，貝類の表面散布が認められる。貝類の表面散布状況および簡易的なボーリング探査から，貝層は西側の玉の脇川に急傾斜する手前の縁辺部に南東から北西にかけて帯状に形成されているものと推定される。

　今回の調査は県道改良工事に伴う事前調査であり，92 m² の調査面積を平成元年度から平成2年度にかけての2カ年にわたり久慈市教育委員会が実施し，調査の結果貝層の形成範囲の北西端部が検出されたものである。

　貝塚の南東側には二子遺跡が所在し，縄文時代前期から晩期，弥生時代，古代に属する遺物が散布し，とくに縄文時代後期から晩期にかけての遺物の散布密度が高く，貝塚を形成した集落跡が存在するものと推定される。

　なお，昭和 24 年に道路改修工事が行なわれた際に大型の遮光器形土偶がほぼ完全な状態で出土しており，昭和 48 年に久慈市の指定文化財となるとともに貝塚も史跡指定された。

　調査方法は，調査区域に 1 m グリッドを設定し，貝層の平面分布および層位を捉え記録し，土壌はグリッドおよび層位毎にコンテナに入れてすべて持ち帰り，土壌の重量・堆積などを計測した後，ふるいにかけて遺物の抽出を行なった。

1　遺　構

　調査により検出した遺構は，埋葬人骨3体（縄文時代晩期），埋甕遺構2基（縄文時代後期1基，晩期1基），集石遺構1基（縄文時代後期），土壙3基（時期不明）である。

　検出された3体の埋葬人骨はいずれも墓壙を伴い，屈葬の状態であった。RJ 001 埋葬人骨は，攪乱が著しく，人骨は散在した状況であったが膝が折り曲げられた状態が看取できた。長径約 140 cm，短径約 80 cm の土壙に埋葬されており，攪乱のため上半身の骨は散在していたが，頭位は北東方向と推定される。RJ 002 埋葬人骨は長径約 120 cm，短径約 100 cm の土壙に埋葬されており，頭位は北方向である。RJ 003 埋葬人骨は上半身が攪乱を受けていたが，下半身は良好な状態で出土した。長径約 200 cm，短径約 90 cm の土壙に埋葬されており，頭位は北東方向と推定される。

　集石遺構は貝層の下部から検出され，直径約 170 cm，深さ約 40 cm の範囲に，拳大から人頭大の円礫約 130 個が出土しており，集石下部からは縄文時代後期前半の深鉢がつぶれた状態で出土した。

　埋甕遺構は2基検出され，縄文時代後期および晩期に属する深鉢が埋設されており，いずれも深鉢の底部は打ち欠かれていた。後期の埋甕遺構の内部からは朱塗の小型鉢の破片数点，朱塗り土製耳飾り1点，石鏃2点，琥珀の破片2点が出土した。

　土壙は3基検出された。平面形は楕円形を呈し，規模は長径約 130〜150 cm，短径約 90 cm，深さ約 15〜30 cm である。平面形・規模などから墓壙であった可能性が高いものと推定される。

　貝層は調査区域である 92 m² のうち約 16 m² の範囲に広がり，最大層厚約 30 cm を測る。貝層の大半は混貝土層で，一部混土貝層および純貝層小ブロックが認められる状況であった。貝層は 27 層に分層され，縄文時代後期後葉から晩期中葉にかけて形成されたものである。貝層の上部は一部耕作が達しており，下部は縄文時代前期・後期前葉の遺物包含層となっている。

2　遺　物

　縄文時代早期・前期・後期・晩期に属する遺物が出土しており，後期，晩期の遺物が主体を占める。

図1 二子貝塚位置図(○印)

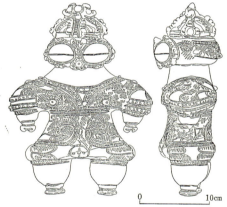

図2 大型遮光器形土偶[1]

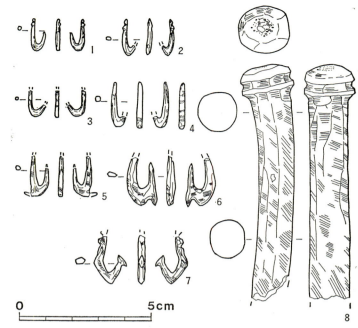

図3 骨角器(1～7 釣針, 8 棒状加工品)

土器, 石器のほか, 土偶・亀形土製品・きのこ形土製品・鐸形土製品・耳飾り・土玉などの土製品, 石棒・石刀・岩版・ヒスイ製玉類などの石製品が出土している。

骨角器としては釣針・ヤスの鐖先・骨針・骨箆・骨鏃・根挟み・弭形製品・牙製垂飾品・ヘアーピン・棒状加工品・鳥骨製管状加工品・魚椎骨製装飾品など, 貝製品としては貝輪・巻貝製垂飾品・札状加工装飾品・マガキの表面が研磨された装飾品などが出土した。

自然遺物としては, レイシ・チヂミボラ・アワビ・マガキ・イガイ・シジミなどの貝類, シカ・イノシシを主体とする獣骨類や, 魚骨類, 鳥骨類などのほか, クルミなどの炭化物も出土している。貝類はシジミの出土も認められるが岩礁性の貝類が主体を占める。貝層が比較的薄いにもかかわらず獣骨の出土量は多く, そのほとんどが破砕された状態で出土した。

また, 久慈地方は琥珀の産地であるが, 琥珀の破片も多く出土しており, 意図的に持ち込まれ, 加工がなされたものと推定される。

これらの出土遺物の中で特筆されるものとして釣針が挙げられる。二子貝塚から出土した釣針は現段階で欠損品も含めると16点を数えるが, その多くが小型である。最も小さい釣針(図3-1)は長さ12.5mm, 幅5.4mmを計る。出土する魚骨も小型の魚類が多い。

3 まとめ

二子貝塚は, 縄文時代後期後葉から晩期中葉にかけて形成された貝塚であることが判明した。これまで発掘調査が行なわれていなかったため貝塚の内容は不明であったが, 今回の調査によって多くの遺物が出土し, 貝塚研究のための資料が提供された。東北地方の太平洋沿岸には多くの貝塚が分布するが, 岩手県北部沿岸地域には貝塚の分布が少ないうえ調査例も少なくその実態について不明な点が多かった。今回の二子貝塚の調査によって, 他の地域と比較するうえで好資料が得られた。

註
1) 佐々木和久「久慈市の大遮光器土偶と琥珀製玉類の工房址」九戸文化, 創刊号, 1984

＜全国貝塚最新情報＞

千葉県実信貝塚

■ 高 柳 圭 一
千葉県文化財センター

実信貝塚は，千葉県市原市菊間字実信に所在する，標高4ｍ前後の縄文時代中〜後期の低湿地性貝塚である。発掘調査は東関東自動車道建設に伴う事前調査として，1990年6月から1991年3月にわたり，㈶千葉県文化財センターによって実施された。貝塚は海浜部に直接面し，縄文海進により堆積した自然貝層上に形成されたもので，貝層中の遺物の出土は極端に少なく，貝類の採取とその処理が集中的に行なわれていたと考えられる性格を持ち，立地条件から古環境の変遷史を復元する上でも大変興味深い貝塚である。

1 遺跡の位置と環境

実信貝塚は，東京湾に面する村田川下流域の左岸，下総台地の西端をなす国分寺台台地の北西に広がる標高5ｍ前後の沖積低地に位置している。この地域一帯は水田面が広がり，圃場整備以前まで条里的土地区画が残っていたことが知られている。本遺跡は市原条里制遺跡発掘調査の一環として，条里制遺跡下の確認調査により，水田面下0.5〜1ｍで検出された新知見の貝塚で，貝塚の西側には中世前半の水田区画や水路跡，弥生時代中期の水路跡・堤状遺構・畦畔遺構が検出されている。遺跡は埋立前の海岸線から直線で1.6kmの距離にあり，背後10ｍに台地が迫り，台地上に縄文後〜晩期の菊間手永貝塚が立地し，村田川を挟んだ対岸には縄文前期前半の低湿地性貝塚である神門遺跡が位置している。

2 貝塚の特徴

貝塚は東西約29ｍ，南北約45ｍの卵形を呈し，面積は約940ｍ²でほぼ調査区内で完結している。貝塚の最高所面の標高は4.6ｍ，縁辺部は3.8ｍで，塚状に堆積し，最大貝層厚は1.5ｍを測り，上面の一部は中世の溝により削平を受けている。貝層は人為的痕跡を有する上部貝層と自然的営力により形成された下部貝層とに大別され，砂層を介在して分離され，貝層下は無遺物層の青灰色細砂層となっている。周辺部には貝層縁辺の

直上に灰黒褐色粘質土層が堆積し，堀之内2式〜晩期終末の遺物の包含が認められ，以下後期前半の遺物を包含する黒色粘質土，中期後半〜後期前半の遺物を包含する灰色砂質土が堆積している。

上部貝層は，砂混じりの混土貝層を主体とし，破砕や混土の割合により細かく分層され，所々砂の互層がみられ，貝層の最大層厚は1.2ｍを測る。貝類組成はハマグリ・シオフキを主体にウミニナ・イボキサゴ・ヘナタリなどが含まれ，貝殻の保存状況は悪く，比較的破砕が進んでいる。貝層中には焼貝や灰ブロックが重層的に多数検出されたが，包含される遺物は少なく，中期後葉〜後期前半の土器片や礫が少量と，人間の頭蓋骨の一部が認められたのみで，調査時の観察では獣・魚骨はほとんど検出されなかった。貝層の形成時期は貝層の下位から加曽利EⅡ式の土器片が出土しており，その上限が明らかであるが，下限については不明瞭で，包含される遺物や周辺層序との対比から，後期前半には形成が終了したものと推測される。貝層は非常に堅固で，酸化鉄の集積が随所に認められ，とくに中位部分に顕著であった。また縁辺部分は破砕が細かく進み，締まりを欠くことから，二次的に堆積したと考えられ，本来の貝塚の範囲は，より小さかったと思われる。

下部貝層は標高3.4〜3.6ｍにかけてほぼ20cm幅で水平に堆積しており，貝類組成はイボキサゴ・ハマグリを主体に，ウミニナ・シオフキ・ハイガイなどが含まれ，青灰色の砂が多く混じる。下部貝層には微小貝類が多く，二枚貝の殻長範囲が極めて広いことから，自然の営為による貝層と判断される。貝層中にハイガイが多く検出され，また黒浜式の大形土器片が数点包含されることから，縄文海進時に形成された貝層と推測される。下部貝層の正確な範囲は把握できていないが，上部貝層よりかなり広く，上部貝層が砂層を介し完全に乗った状況であったことが認められる。

貝塚の周辺には，後期中葉〜晩期末葉にかけての遺物包含層が形成され，土器・石器や獣骨・堅果類などが出土したが，多数を占めたのは後期中葉の土器片で，遺物の包含は貝塚から離れるに従い減少した。また貝塚に近接して人骨2体，鹿骨の集中箇所が3地点検出された。人骨の内1体は幼児の埋葬骨で，貝塚縁辺上で掘り込みを持たずに検出された。鹿骨は貝塚縁辺の灰黒褐色粘質土中から多数分散して出土した。鹿角も含まれ数体分

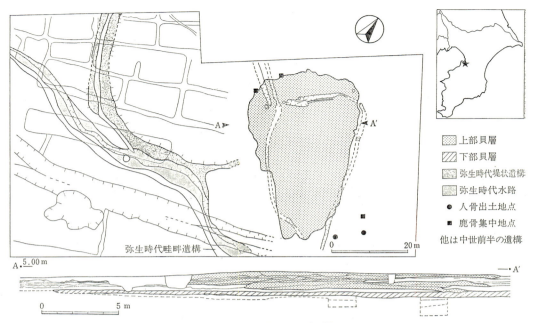

実信貝塚全体図・貝層断面図

にわたることから，解体場であった可能性も示唆される。貝塚周辺のこのような状況は，貝塚形成以降も海岸線背後の後浜干潟の微高地として度々利用されていたことを示していると理解される。

　調査開始時，上部貝層については立地条件や遺物包含の僅少性から，自然貝層の可能性も考慮していた。しかし調査の進捗に伴い多数の焼貝・灰ブロックや，少数ではあるが人工遺物が検出され，また貝類のコラムサンプルの一部について千葉県立中央博物館の小宮孟・黒住耐二両氏に分析を委託したところ，貝類組成の内容やハマグリの殻長分布の最頻値が，当該域の貝塚の内容に類似し，被食痕跡を有する資料も少ないなどの分析結果を頂いた。これらの成果を関連づけて理解すると，人為的な性格の強い貝層とみてほぼ間違いないとの結論に至った。ただし陸産貝類の出現頻度が低く，魚類遺存体が検出されていないなど検討すべき問題も残されており，詳細は今後の分析作業に委ねることになっている。

3　まとめ

　実信貝塚は黒浜式を包含する自然貝層上に形成された，縄文中期〜後期の低湿地性の貝塚で，貝類以外の生活残滓が極めて少なく，少数の人為遺物と焼貝・灰ブロックが認められるのみという特異な性格を有している。また周囲から人骨・鹿骨などが検出されたことから，貝塚形成後も生活活動や埋葬の場として度々利用されていたことがうかがえる。貝塚の性格やその利用のあり方がいかなる活動形態を反映したものかは，今後の整理作業や分析を通して解明していくことになるが，居住域に隣接して形成された台地上の貝塚とはかなり性格を異にしている。本遺跡に近接する菊間手永貝塚は堀之内1式〜前浦式が主体の遺跡で，実信貝塚の形成時期である中期後葉〜後期初頭の遺物は僅少で，遺構も検出されておらず，本貝塚を残した集団の居住地がある程度離れた場所にあったと想定しなければならない。この推論に立てば，本貝塚は貝を居住域に搬入することなく，採取地近辺で集中的に処理・廃棄を行なった結果の所産であると考えられ，居住域から離れたテンポラリーな活動拠点であったという指摘ができる。貝層中に認められた焼貝・灰ブロックは，貝殻の処理に係わる何らかの活動の痕跡と考えられる。一方類似した立地条件にある神門遺跡では，獣・魚骨が多数検出され，異なった内容構成となっている。神門遺跡の貝層は早期末葉〜前期前半に形成されており，遺跡を取り巻く環境の違いに起因すると思われる。低湿地性貝塚の調査例は極めて少なく，その性格も同一に論じることはできない。今後神門遺跡の調査成果や市原条里制遺跡の他の地区を含めた総合的な検討の中で，当該域における海域を巡る古環境の変遷や生業形態の問題により接近できるものと期待される。

＜全国貝塚最新情報＞

神奈川県高坂貝塚

■ 野 内 秀 明
横須賀市教育委員会

1 遺跡の概要と調査の目的

横須賀市高坂貝塚は三浦半島の東端，観音崎の南側に存在する浦賀湾に面した丘陵上に位置し，その南側斜面に東西に分布する２地点の貝塚群よりなる。東側の貝塚は，間層をはさんで上下に堆積する貝層が確認されており，下部貝層はマガキを主体とした縄文時代早期末葉〜前期初頭，上部貝層はチョウセンハマグリを主体とした前期中葉のものと考えられている。西側の貝塚は，大正11年に行なわれた道路工事中に人骨が出土したため，東京帝国大学の小松真次らによって調査され，後期の貝塚らしいこと，アワビが目立つ混土貝層であることなどが短く報告されているだけであり，その詳細は不明であった。

平成元年８月に行なった発掘調査は，このように詳細の不明であった高坂貝塚の内容を把握し，三浦半島の他の貝塚群との比較，あるいは横須賀市自然博物館によって調査の進められている完新統の検討から示された古環境と貝塚群との関わりなどの問題の解決を目的として，横須賀市人文博物館の考古部門の資料収集事業として実施したものである。

2 貝層および包含層の堆積状況

調査は東西に分布する貝塚の両地点を対象としたが，貝層が検出されたのは西側の地点だけであった。西側地点ではＩ層からⅦ層の基本堆積層が確認され，Ⅳ層が約 80 cm の層厚をもつ混土貝層であった。

Ⅰ層は表土層であり，南側へ急な傾斜をもっている。Ⅱ層は盛土層であり，第三紀層に由来する泥岩塊を含むローム土と暗褐色土との混合土からなる。Ⅲ層は下位層である混土貝層を覆ってほぼ水平に堆積する黒褐色土層であり，縄文時代後期末葉の安行Ⅱ式土器，晩期初頭の安行Ⅲａ式土器が包含されていた。Ⅳ層はスガイ・クボガイなどの岩礁性小型巻貝を主体とする混土貝層であり，構成する軟体動物種の組成差，混土率，灰，炭化

物などの混入物の変化により，Ⅳａ層からⅣｉ層の９層に分層された。Ⅳ層は表土層が南側に向かって傾斜しているのに対して，堆積初期からほぼ東南から西北に向かって傾斜しており（Ⅳｉ層〜Ⅳｂ層），最終堆積層（Ⅳａ層）ではほぼ水平となっている堆積状況が認められた。これらの堆積状況は，三浦半島の他の貝塚の多くに見られるように台地斜面に沿った廃棄とは異なり，台地縁辺部への廃棄と考えられ，本貝塚の特徴の一つである。Ⅳｇ層からは後期後半の安行Ｉ式深鉢形土器１個体が出土しており，Ⅳ層各層の出土土器とあわせて，混土貝層の形成はほぼ同型式土器の時期に行なわれたものと考えられる。

貝層下土層のⅤ層，Ⅵ層は加曽利ＢＩ〜Ⅲ式土器などを包含し，基盤層である第三紀三浦層群逗子層（Ⅶ層）と不整合に接している。

3 軟体動物種組成の特徴

Ⅳ層は分層した後に各層ごとにサンプリングし，博物館において遺物の抽出作業を行なった。その結果，人工遺物としては土器・土製品・骨角牙器（骨鏃，牙鏃，釣針未製品など），貝製品（貝輪，同未製品，小型の環状貝製品），自然遺物としては軟体動物・節足動物・脊椎動物・棘皮動物および炭化種子などが検出された。ここでは軟体動物について紹介したい。

Ⅳ層から検出された軟体動物種は 69 種にのぼり，微小貝，陸棲貝などを除いた最小個体総数は 71,026 個体であった。これらの軟体動物組成の中で，スガイが 55,845 個体，78.6％を占め，圧倒的優先種をなしている。スガイに加えて，クボガイ・コシダカガンガラ・イシダタミガイ・イボニシなど岩礁性の小型巻貝がつぎ，さらにサザエ・アワビが主要な組成種となっており，外海岩礁性群集によって組成されている点が高坂貝塚の軟体動物組成の最も大きな特徴となっている。また，アサリ・カリガネエガイ・イガイなどの二枚貝も主要な組成種の一部をなすが，分層された各層において，組成比の変化が大きい。

これらの軟体動物種の組成，構成比は，下位堆積層から上位堆積層にかけて変化が認められた。圧倒的優先種であるスガイの各層での占める割合は，下位層のⅣ e − g 層，Ⅳ d 層では約70％であるが，Ⅳ c 層から組成比が増加し，最終堆積層のⅣ a 層では 84％とほとんどスガイによって占められるようになる。

71

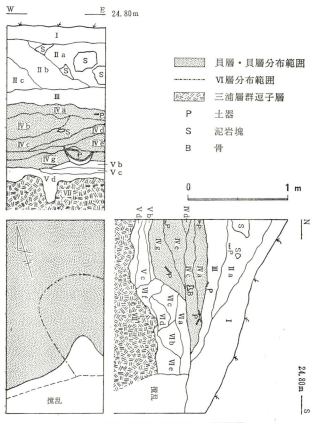

図1 高坂貝塚調査区平面図・土層断面図

図2 深鉢形土器

二枚貝の主要構成種間での変化は，Ⅳe-g層，Ⅳd層ではアサリがそれぞれ75.1%，90%を占め，優先種となっている。Ⅳc層ではアサリ・イガイが42.2%，47.7%とほぼ同比率となり，Ⅳb層，Ⅳa層では，これらの比率が逆転し，カリガネエガイが70%前後を占めるようになる。

このような軟体動物種の組成変化は，総体的には外海岩礁性群集を貝類採取の捕獲対象としながらも，その初期においては岩礁地帯の間に存在した砂泥底にも採取活動をしていたのが，採集圧の高まりによってアサリなどが減少し，イガイ・カリガネエガイなど岩礁性二枚貝への依存率が高まり，最終的にはスガイを中心とした外海岩礁性群集によってのみ占められるような単純な組成へ変化していったものとも考えられる。

このように高坂貝塚の軟体動物組成の様相は，Ⅳe-g層とⅣd層，Ⅳc層，Ⅳb層とⅣa層の3期に分けて変化が認められるようであり，貝類採取活動の変化とともに今後の整理作業の進展によって他の動物種との比較から詳細を検討したい。

4 まとめ

高坂貝塚の軟体動物組成は，外海岩礁性群集によって占められている点が最も大きな特徴である。高坂貝塚のすぐ南側に存在する縄文時代後期の中台貝塚でも，スガイ・イシダタミガイによって約80%が占められており，三浦半島の縄文時代後期の貝塚群の様相をよく示しているものである。

しかしながら，半島基部の東京湾内湾に存在するほぼ同時期の称名寺貝塚とは軟体動物組成，あるいは魚類，海棲哺乳類相に差異が認められる。これは，内湾に立地する先史集落と浦賀水道を出て外洋に面して立地する先史集落との漁撈活動の相違を現わしているものと考えられる。

＜全国貝塚最新情報＞

愛知県大西貝塚

■ 岩 瀬 彰 利
豊橋市教育委員会

大西貝塚は豊橋市牟呂町字大西に所在する貝塚で，1987年度と1990年度の2度に分けて発掘調査が行なわれた。貝塚は大きく分けて3時代（縄文・古墳・江戸）にかけて形成されており，貝殻の分布範囲は約225m×105mにも及ぶ。現況は貝塚中央部に明治時代の用水が貫通し，北部は墓地になっている。発掘調査は土地区画整理事業に伴い，貝塚中央部よりやや南の地点で行なわれた。

1 遺跡の立地と環境

大西貝塚の所在する牟呂地区は，三河湾に向かって延びる豊川左岸の台地先端部（標高約3m）に位置している。現在では干拓などにより海岸線まで3kmほど離れているが，当時はこの台地付近が海岸線であった。牟呂地区は貝塚の集中している地域で，水神・坂津寺・市杵嶋神社などの貝塚が知られている。この他にも江戸末期までは各所に貝殻が堤防状に積まれ，最大のもので1町5反ほどの規模があったと記録が残されている。これらの貝塚は殻山と呼ばれ，新田開発に際しての貝俵として堤防に利用されたり，道路に敷く砕石の代わりとして大半が取り壊されており，現在では位置さえも不明である。

このように渥美半島の基部にあたる豊橋市およびその周辺地域は貝塚が多い地域と言えよう。これらの貝塚はほとんどが晩期のものであり，ハマグリ主体である点が特徴である。これに対し，知多半島の基部にあたる刈谷市周辺地域は晩期まで一貫してハイガイ主体の貝塚で占められている。三河湾を挟んだ両地域で対照的な点は非常に興味深い。

2 貝塚の規模と構造

調査の結果，縄文時代に形成された貝層は約130m×40mの規模で，平面形は南北に延びる帯状をなすものと推定された。貝塚を構成している貝の種類は9割近くがハマグリで，その他アカニシ・ツメタガイ・カキなど31種以上が確認されている。貝層は厚い所で約2.5mを測り，その保存状態は比較的良好である。

貝塚は台地最先端部より台地に沿って北から南に移動しながら形成されたようで，南に移動するに従って新しい貝層がみられた。調査地区の貝層は晩期後葉の五貫森式の新段階から樫王式までの時期のものである。これらの貝層は砂を含まない純貝層で，基本的に5層堆積している。各層は約30cmの厚さで，層ごとの境界は厚さ約1cmの破砕貝層で区切られている。この破砕貝層は，後述するが，投棄された貝殻の上部で何らかの作業を行なったためにできたものと考えられる。

また，貝塚西端の一部は縄文時代晩期終末（馬見塚式と樫王式の間）に波によって破壊されており，黄褐色の海砂が貝塚を覆っていた。津波・高潮などの災害の可能性もあるが，貝塚を覆う砂の量の多さより，比較的恒常的な水位の上昇があったことが考えられる。

3 遺 構

発見された縄文時代の遺構には，敷石遺構，石組炉，集石，土壙，地床炉などがある。

敷石遺構は長径約4mの楕円形で，20〜30cm大の河原石が敷き詰められていた。石と石の間はわずかに隙間があり，底部の小さい晩期の深鉢が立て易いようになっている。これらの点から，敷石遺構は作業場として利用された後，炉としても使用されたものと考える。

地床炉は破砕貝層上面の各所に多数が検出されている。これらは平均で直径約50cm，大きいものは3mを越えるものも見られ，全体で88ヵ所を数える。大半は破砕貝層の上で直接火を使い炉として使用した例がほとんどであり，下部の貝が焼けている場合が多いが，貝層上面に土を敷いてから炉として使用した例も若干見られた。

また，地床炉内に直径約10cm大の円形の凹地が検出されている。これは土器の底部痕跡であり，同位置に何度も土器を突き刺して煮炊きしたために残ったものと推定される。五貫森式などの晩期土器の底部面積は著しく小さく不安定なため，若干土器を地面に突き刺し使用したことを証明する例である。

4 遺 物

出土した遺物には西之山式〜水神平式の土器の他に石鏃・打製石斧・磨製石斧・石皿などの石器，ヤスなどの骨角器，貝輪，イノシシ・シカなどの獣骨，魚骨などである。土器の大半は粗製深

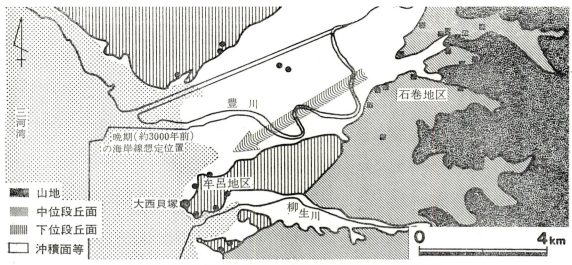
大西貝塚と周辺の縄文時代晩期遺跡（●は貝塚，▨は集落址・遺物散布地）

鉢であるが，若干氷式や大洞式などの他地域のものも見られる。石器・骨角器などの遺物は極めて稀で，石鏃2点，石斧10数点，ヤスが若干に過ぎない。石器・骨角器類はサンプリングエラーを考慮しても極めて少ない。同時期の豊橋市白石遺跡・渥美町保美貝塚などから石鏃が数千点，豊川市麻生田大橋遺跡から石斧が数千点出土しているのと比較しても特異である。

5 貝塚の形成過程

発掘調査によって，貝塚の形成過程を復元することができた。当初は台地斜面下部に石を敷き詰め，ここで貝剥きなどの作業を行なったようである。この敷石遺構は炉としても使用され，不用の貝殻は周辺に捨てられた。やがて貝の廃棄によって敷石遺構が埋没すると，新しい敷石遺構を廃棄した貝殻上に作り，同様な作業を繰り返す。この時点で貝殻上を往来するため，破砕貝層ができる。さらに新しい敷石遺構が貝によって埋没すると，地床炉を多用するように転換し，破砕貝上各所で作業が営まれた。このような作業工程が繰り返され，最終的に貝塚が高くなると台地端に沿って場所を南に移動している。これらの具体的な作業は干し貝加工が考えられる。

また，短期間に厚い貝層が形成されていることから，自給自足だけに限らず，一部は交易品として他地域へ運ばれた可能性が考えられる。交易先は土器などの移動や地理的要因により伊那地域が想定されよう。

6 現段階での所見

大西貝塚を残した集団の居住地は現段階では不明である。貝塚の周辺は区画整理に伴って発掘調査がかなり進行しているが，同時期の集落址はおろか，遺物さえも確認されていない。さらに廃絶した住居上に貝塚が形成されたのではない点，貝塚中に生活用具である石器が極端に少なく，臨海部に定住していたにしては漁具が極少な点より，貝塚周辺に集落は存在しなかったと考える。

ところが，貝塚から北東に8km離れた台地上に石巻地区がある。この地区は山裾部にあたり，晩期後葉の遺跡が多い。このような遺跡の立地状況から，大西貝塚はこれら山裾部集落の共同加工場の一つではなかったかと考えられる。つまり，台地の狭い海岸部に定住するのではなく，普段は格好の狩猟場である前方の沖積地と堅果類の豊富な背後の山地とに挟まれた山裾部の台地上の集落で生活し，貝類採集時に臨海部に移動し干し貝加工に従事したのだろう。臨海部への移動は，山裾部から毎日干潮に間に合うように通ったか，春秋の採集期間のみ臨海部に移住して貝類の採集活動を行なったのではないだろうか。

以上より大西貝塚は集落を伴わない，もしくは，季節利用のキャンプサイト的な住居を伴う干し貝加工を行なうための場所であったと考えたい。

＜全国貝塚最新情報＞

滋賀県粟津湖底遺跡
第3貝塚

■ 岩橋隆浩・瀬口眞司
(財)滋賀県文化財保護協会

1 粟津湖底遺跡

粟津湖底遺跡は，琵琶湖の最南端，瀬田川流出口付近の現水面下 2〜3m に位置する，縄文時代早期初頭から中期初頭を中心とする時期の遺跡である。すでに潜水試掘調査など[1] によって，2つの大きな貝塚（第1貝塚・第2貝塚）の存在が知られていたが，今回調査した第3貝塚は，それら周知の貝塚の東側を陸化調査した際に，新たに発見された小規模な貝塚である。

周辺には，縄文時代早期後半の著名な貝塚である石山貝塚や，そのキャンプサイト的な性格でとらえられている螢谷貝塚，早期前半からの遺物包含層が見られる螢谷川底遺跡・唐橋遺跡などが分布している。それらの中でも，本遺跡は，最も古い段階より形成され，しかも最も存続期間が長いことが判明している。

現地調査は，1990 年6月より翌年8月まで行ない，現在持ち帰った貝塚堆積物の水洗選別を始めたばかりである。なお，コンテナで約 20,000 ケースを数える貝塚堆積物はすべて持ち帰った。

なお，今回の調査の概要報告書[2] は，すでに滋賀県教育委員会・(財)滋賀県文化財保護協会より発刊されている。本稿は，より多くの方に調査概要を公表できる機会を与えていただいたため，その報告に基づいて執筆した。

2 第3貝塚の概要

第3貝塚は，第1・2貝塚のある微高地の東端に位置する，縄文時代中期初頭の貝塚である。平面形は，南北 35m，東西 15m の三日月形を呈し，検出当初から，貝層が縞状に弧を描く状況を観察できた。堆積の厚みは，最大で 50cm を測る。ただし上面は，何らかの力によりすでに削平されたものと考えられ，本来はもっと厚い堆積であったと考えている。各層の層状は，斜層理状を呈し，立地する微高地斜面の傾斜角度に平行するのではなく，さらに急な角度をもって，順次西から東に

堆積していた。

この貝塚は，セタシジミを主体に，少量のタニシ類・カワニナ類の巻貝，イシガイ科（オトコタテボシ・ササノハガイなど）の二枚貝などを含んで形成されていた。なお，ブロックサンプルを分析した結果，セタシジミの殻長は 28mm のものが多く，22mm〜33mm のものが大半を占めていた。現在，琵琶湖でとれるセタシジミは 10mm 程度のものばかりで，縄文中期の採集環境は，桁はずれに良好であったことがうかがわれる。

動物遺存体では，イノシシ・ニホンジカ・スッポンが目立って出土し，ほかに，ニホンザル・イヌ・タヌキ・カモシカなどの哺乳類，コイ・ナマズ類・ギギ類などの魚類が含まれている。

特筆すべきは，堅果類を中心とした植物遺存体が，琵琶湖の水に守られて，きわめて良好な状態で遺存していたことである。なかでも，コナラ属のドングリやトチノキが目立って出土し，クルミ・ヒシも出土している。当時期の植物利用の一端を示す可能性が高い。ただし，ブロックサンプルの分析結果をみる限り，水草類や木材片など不可食性のものが多く含まれる層も少なくない点が指摘されている。

出土遺物では，まず土器がある。船元I式を中心とし，ほかに北陸系の新保式が多く出土した。東海系の北裏 CI 式も若干量ある。

石器は，石鏃が多く，少量の石匙・切目石錘・礫石錘・磨石・石皿が出土している。多くのチップ・フレイクも出土しているものの，石器類の出土量は比較的少ない貝塚といえる。

骨角器は，ヤス・刺突具・垂飾品・装飾付ヘラ状製品などが出土しているが，これらも石器類と同様に数量的に多くはない。

そのほかには，土偶の頭部が2点，赤漆塗結歯式竪櫛が1点，編み籠が2点，糞石が数点，貝塚下植物遺存体層直下からヒトの頭蓋骨・下顎骨・椎骨が出土している。

3 今後の問題点

次に，現在までになされた評価をここにまとめ，調査担当者の観察を加え，今後の整理・研究の礎にしたい。ただし，紙数の都合から，ここでは，1) 本貝塚がどのような経過で形成され（堆積経過の復元），2) 何を反映した結果の遺跡なのかという2点にとどめておく。

1) すでに述べたような層状から，自然貝層，

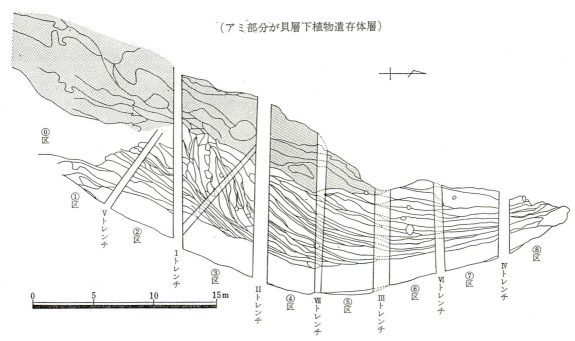

粟津湖底遺跡第3貝塚および貝層下植物遺存体層平面図（註2より転載）

あるいは水の影響で崩されてしまった2次堆積の貝層との評価もあった。

確かに、同一層内で、砂礫の粒径や混入物（植物遺体など）の比率が漸移的に変化していた。またブロックサンプルの分析結果から、陸産の貝がほとんど見られないことや、多くの層から水生植物が検出されることがわかった。このようなことからも、堆積の際に水の影響を受けたことは否めない。

ただし、何層かごとに、貝が乱雑に重なる純貝層が存在することや、大半をシジミが占める中で、タニシがブロック状に出土することがある。

よって、プライマリーな状態を保ちながらも水により削られた層と、その削られたものの再堆積層からなる貝層が存在すると考えるべきで、単なる2次堆積層群ではない。

なお、季節性の推定に関しては、困難な状況にある。セタシジミの成長曲線は、極めて捉えにくい。また、その他の動物遺存体でも、推定に通常用いるような資料はあまり出土していない。

2）本貝塚は、琵琶湖の底に沈んでいたため、植物遺存体の遺存状態が極めてよい。そのため、縄文カレンダーの典型として評価されることが多い。ただし、そのようなサイクルが、堆積状況からきれいに読み取れる地点は部分的で、普遍的に

は見られず、その評価は今後冷静に行ないたい。かつ、発掘中の所見では、それら植物遺存体も割れた木の実だけでなく、枝や葉など不可食部も伴って出土する層も少なくないように感じた。よって、筆者は、自然に落果したものが堆積した可能性も捨てられないでいる。今後行なわれていく整理作業の中で、数量的な根拠をもとに、これら植物遺存体が食料残滓なのかどうかを問いなおしたい。

なお、現在水洗選別を行なっている。最小1mmメッシュのフルイを用いているものの、魚骨を含めた動物遺存体の出土頻度は、他の一般的な貝塚に比べ少ないようである。

註
1）藤岡謙二郎『先史地域及び都市域の研究』1957
　　藤岡謙二郎・丸山竜平「瀬田川入口水没遺跡について」近江.3.近江考古学研究会、1968
　　文化庁『遺跡確認の調査研究　昭和55年度実施報告―水中遺跡の調査』1980
　　丸山竜平ほか『粟津貝塚湖底遺跡』滋賀県教育委員会・㈶滋賀県文化財保護協会、1984
2）滋賀県教育委員会・㈶滋賀県文化財保護協会『粟津湖底遺跡』1992

＜全国貝塚最新情報＞

熊本県黒橋貝塚

■ 野田拓治
熊本県立装飾古墳館

1 貝塚の発見とその後の経緯

昭和47年7月6日，熊本県下を襲った集中豪雨は，各地に大きな被害をもたらした。とくに下益城郡城南町では，緑川の支流である浜戸川の堤防が決壊し，町の中心部の大半が水没し，床上浸水した家屋は実に750戸以上という大災害となった。濁流が引き始めたころ，決壊した堤防周辺には，おびただしい量の貝殻が散乱していたのである。その位置は阿高貝塚の北西約0.4kmの地点であった。これが黒橋貝塚発見の簡単な経緯である。翌昭和48年3月，熊本県の依頼を受けた熊本大学による貝塚の範囲確認調査が実施されている。さらに翌昭和49年7月には，浜戸川の河川改修工事が一部強行されて，貝層が破壊されるに到り，熊本県文化課は工事中止を申し入れるとともに，現況の把握と部分的な発掘調査を開始したのである。この間の調査成果は，昭和52年熊本県文化財調査報告第20集『黒橋』として刊行されている。

一方で城南町当局による黒橋貝塚の土地公有化が進められ，昭和56年にはその一部が「阿高・黒橋貝塚」として国の史跡に指定されたのである。

2 発掘調査の概要

黒橋貝塚の貝層は，浜戸川河川敷とその周辺に散発的に分布していて，その全体像が把握されぬままに，およそ10年の歳月が流れた。こうした状況のなかで，昭和60年再び浜戸川の河川改修計画が起こったのである。翌昭和61年河川敷

内の試掘調査を実施したところ，貝層の保存状態が極めて良好であることが確かめられた。平成元年1月から矢板の設置と築堤工事を実施し，3月から本格調査を開始した。矢板で仕切った範囲は東西40m×南北30mの1,200m²で，このうち貝層の保存状態が良い部分は浜戸川の中央部に取り残された部分約360m²であった。他の部分は現浜戸川の流路で貝層のほとんどは流失していた。調査地区全体に貝層の傾斜方向などを考慮して4×4mのグリットを設定した。

調査地区全体に角礫と砂質土とが互層となった土層が約1mの厚さに堆積していた。これは現浜戸川が運んだ堆積物で，河川敷全体に認められる表土層とみなし，グリット設定以前にすでに取り除いている。以下，表のようにⅠ～Ⅴ層に大別しそれぞれ細分した。

Ⅰ層は明確な遺構は検出できなかったが，古墳時代～奈良時代にかけての土師器・須恵器を包含する土層である。Ⅱ層は泥炭質の粘質土で，部分的には破砕された貝を含み，また縄文土器の細片のほか獣骨・魚骨などを大量に含んでいる。しかし量的には少ないが，弥生式土器を含んでいて，この時代の再堆積土層とみてよい。Ⅲ層はa～dに細分したが，いずれも混土貝層で，出水式系土器や磨消縄文系の土器が多く出土している。出土遺物からみて，a～b各層は年代的に大きな隔たりは認められない。Ⅳ層はマガキの純貝層で厚いところでは0.5～0.6mほど堆積しているが，部分的にハイガイやヤマトシジミの薄い堆積が認められる。Ⅳa層はやや鉄分を多く含んだ青灰色粘質土が混じるマガキの純貝層である。Ⅳb層も青灰色粘質土を含むマガキの純貝層である。出土土器はⅣa層では南福寺式土器と阿高式土器を含み，Ⅳb層では阿高式土器のみ出土する。またⅣb層の最下部とⅤ層との間に，多量の阿高式土器とともに，シカ・イノシシなどの獣骨がまとまった状態で出土している。Ⅴ層は所謂「有明粘土層」で青灰色を呈している。上層では部分的に破砕されたカキをわずかに含んでいる。阿高式土器の他に並木式土器が出土するが，下層に移行するにしたがって出土遺物が減少する。しかしこの間の層序を識別することは困難で

表 黒橋貝塚の貝塚基本層序

	特徴	出土遺物
0層	河川堆積土層	
Ⅰ層	黄褐色土層	土師器・須恵器（古墳～奈良時代）
Ⅱ層	黒褐色粘質土層	弥生後期土器（黒髪式土器）
Ⅲ層（a～d）	黒褐色混土貝層	縄文中～後期土器（南福寺式・出水式）
Ⅳ層（a・b）	純貝層（青灰色粘質土を含む）	縄文中期土器（阿高式）
Ⅴ層	青灰色粘質土層	縄文中期土器（並木式土器・阿高式土器）

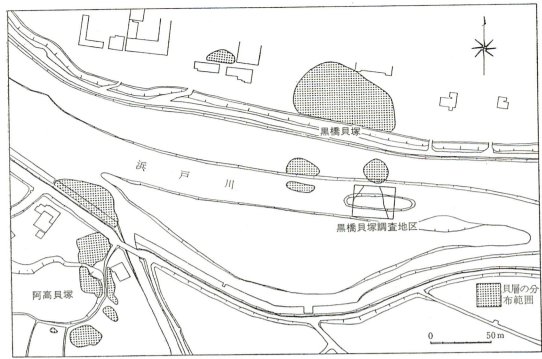

黒橋貝塚周辺図

ある。

3 遺構と遺物

Ⅲ層下部から埋葬人骨が計18体出土した。保存状態がよい8体はすべて伸展葬で，Ⅲ層上部から掘られた土壙墓に埋葬されていたものである。副葬品はなかった。出土層位から縄文後期以降のものと考えられる。

また調査区全域で大小76基の土壙を確認している。いずれもⅤ層上面で検出したものである。これらのうち，およそ50基は直径1.0〜2.5m，深さ0.5〜1.8mの円形プランで，断面形がすり鉢状を呈するものであった。このすり鉢状土壙の一例であるG-11区の1号土壙では，内部にⅢ〜Ⅳ層から続く各層がレンズ状の堆積をし，土壙底部との間に厚さ0.1〜0.2mの青灰色粘質土が認められた。この青灰色粘質土層下部全面に魚骨層が検出された。魚種はマイワシなどが主体である。さらに魚骨層と土壙底部との間の青灰色粘質土中にはイノシシ頭骨がほぼ完全な状態で出土した。また土壙の断面形が袋状ないし方形を呈する一例であるI-9区の1号土壙では，土壙の底部に堆積していた青灰色粘質土中にはドングリ（アカガシ）が5cm前後の厚さで堆積し，魚骨などは見られなかった。同様の例であるD-7区の2号土壙では，籠状の網物とともに，ドングリ（アカガシ・シラカシ）が出土している。このように土壙の断面形がすり鉢状になるものと，袋状ないし方形を呈するものでは，出土遺物などに違いがみられる。後者はいわゆる「ドングリピット」であるが，前者については「ドングリピット」とするにはやや疑問が残るものの，遺跡全体に重複することなく両者が混在していることから，おそらく同じ機能をもった土壙であった可能性が大である。

出土遺物のなかで，とくに多く出土しているのは，獣骨・魚骨類である。獣骨では，イノシシ・ニホンジカを中心として，タヌキ・テン・イヌ，さらにクジラ・イルカなどが認められる。鯨骨は脊椎骨のみの出土で，多くは阿高式土器の特徴でもある，土器製作台として使用されたものと考えられる。またⅣb層下部からⅤ層にかけて多くの糞石が出土している。魚骨はマダイ・クロダイ・スズキ・マイワシがとくに多く出土している。

4 おわりに

黒橋貝塚の出土資料については現在整理中であり，その概要を報告することしかできない。調査時に採集した貝層や土壙は土嚢袋で約24,000袋に及び，現在も水洗と各種遺物の選別と分類作業を行なっている。近く詳細を報告する予定である。

<全国貝塚最新情報>

鹿児島県市来貝塚

■ 新 東 晃 一

鹿児島県立埋蔵
文化財センター

鹿児島県下の縄文時代の貝塚は，縄文時代前期の轟式〜曽畑式期と中期末〜後期の阿高式〜市来式期の2時期に出現する。縄文前期の貝塚は，鬼界カルデラの爆発直後に形成されている。鬼界カルデラの爆発によって，幸屋火砕流に被覆された地域は勿論，その他のアカホヤ火山灰降灰地域においても生物は絶滅の状態が想定されている。その後に貝塚は出現するが，荘貝塚（出水市）や阿多貝塚（金峰町）など，これまでのところ東シナ海沿岸部にみられる。南九州ではアカホヤ火山灰層下の早期に貝塚はみられないところから，鬼界カルデラの爆発後，植生の回復した南九州へ貝塚文化を携えた人々が南下したと考えたほうが妥当であろう。

次の縄文中期末〜後期の貝塚は，出水貝塚（出水市），麦之浦貝塚（川内市），市来貝塚（市来町），草野貝塚（鹿児島市），武貝塚（桜島町）など東シナ海に面する地域と鹿児島湾の内湾に所在している。該期貝塚の出現については，これまでのところ日本列島の気候がそれまでの温暖で乾燥した気候から寒冷で湿潤な気候に急変したことから，再び貝塚が形成されたと説明されている。

1 市来貝塚の環境と調査の経緯

市来貝塚は，東シナ海に西流して注ぐ八房川の左岸（南岸）に位置し，現海岸線よりは約3.5kmの内陸部に所在する。現在，蛇行して西流する八房川の両岸には，標高5m以下の水田平野が形成されている。そして，満潮時の八房川では，貝塚付近まで海水の侵入がみられる。

市来貝塚は大正9年に有村榮助（当時西市来小学校訓導）によって発見され，翌大正10年に地元の山崎五十麿によって小規模な発掘調査が行なわれた。そして，その成果は『考古学雑誌』に発表され，全国的に知られるようになった。その後，清野謙次や横山将三郎など中央の学者が次々に来跡し，市来貝塚出土の土器や人骨などを報告して

いる。

その後，昭和12年に寺師見國が市来貝塚を発掘調査したが，その出土土器が後の「市来式土器」設定の基礎資料となった。つまり，昭和13年に，三森定男はこれらの資料をもとに，『人類学先史学講座』の「先史時代の西部日本（上）」においてかなりのスペースを割いて「市来式土器」の項目を取り上げているが，これが「市来式土器」の名称が文献に登場した最初とされている。昭和25年，河口貞徳は貝塚傾斜面に小発掘を試み，市来式土器の貝層下に指宿式土器包含層が存在することを確認した。

その後，市来町は昭和36年に河口貞徳に調査を委嘱して，貝塚部分の発掘調査を実施している。発掘調査では，人骨3体をはじめ，多量の土器・石器のほか，かんざし・垂飾・釣針などの骨角牙製品や貝輪などが出土している。しかしこれまでは，貝塚部分に調査が限られていたため，周辺に存在するとされる第2貝塚の発見や貝塚を形成した集落などについてはほとんど不明であった。

その後，市来町は，30数年を経過した平成2年と平成4年に本貝塚の保護対策の資料を作成するために国・県の助成を得て範囲確認の調査を実施した。

2 貝塚の形成と集落

貝塚は，八房川左岸の北側へ飛び出した台地先端に位置している。確認調査の結果，貝塚は，幅約20m，長さ約15mの小規模な面積を占めるが，急峻な小谷に形成されたらしく，傾斜が急な（約30度）厚い貝層の堆積がみられる。貝層は，標高12mラインから始まり，その末端は標高5mに達している。平成4年の調査では，貝層は後期中葉の市来式期に形成されたことが再確認された。純貝層は二層に別れ，いずれもカキ・ハマグリを主体にしている。そして，その間には混土貝層が形成されている。貝層下には後期前半の指宿式土器期以前の包含層を形成していることが判明した。貝層中および下層の包含層中には後記するような多量の出土遺物がみられる。

大正10年，山崎五十麿が第二貝塚の存在を指摘した東側傾斜面の小谷部では貝塚の痕跡は確認されなかったが，市来式期およびそれ以前の良好な遺物包含層が存在することが確認された。

貝塚を形成したとされる後背台地は，確認調査の結果，貝塚該当期の縄文後期から中世〜近世に

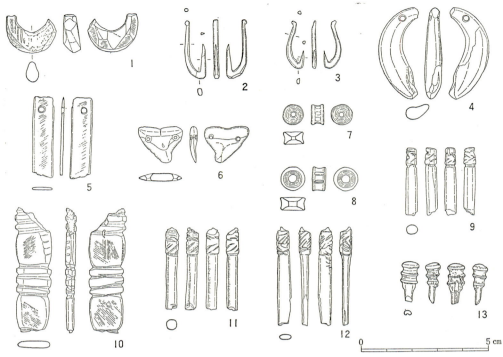

骨角器実測図

かけての遺構・遺物が検出されている。とくに中世においては掘立柱建物跡などの遺構も確認され，近接する河上城に関わる施設が存在したことが想定されている。確認調査のため，貝塚期の住居址などの明確な遺構は確認しえなかったが，貝塚の南側台地上には完形土器を伴った土壙や厚い包含層が残存しており，貝塚期の生活面は台地東側傾斜面の包含層の範囲を含めてかなりの範囲に及ぶ。

3　貝塚出土の遺物

貝塚からは，土器や石器，貝製品，骨角器など多数出土している。土器は，南九州で発生したと考えられるいわゆる在地系土器と北〜中部九州から伝播したいわゆる移入系土器がある。在地系土器には出水式土器や指宿式土器もみられるが，貝層からは市来式土器が主体に出土し，この期に形成された貝塚である。移入系土器は，鐘崎(かねがさき)式土器や西平(にしびら)式土器が出土している。石器は，石鏃や石匙などもみられるが，磨製石斧や磨石・石皿が多量に出土している。貝製品には，貝輪や垂飾が見られる。とくに貝輪は貝層中に多量に出土するが，そのほとんどが未製品であり，その製作工程を窺い知ることができる。また，草野貝塚や麦之浦貝塚を含めて比較すると，南九州の縄文後期の貝輪はフネガイ科とタマキガイ科の貝種が使用されている。その中で鹿児島内湾に位置する草野貝塚での貝輪は，内湾に棲息しない外洋貝のこの二種を使用しており，縄文後期貝輪の素材貝選択の何らかの規制があったことを窺い知ることができる。骨角器には，垂飾や髪針（かんざし），釣針などが出土している。

4　貝塚出土の自然遺物

自然遺物には哺乳動物類と魚類，貝類がある。哺乳動物類は，イノシシ・シカ・イヌ・タヌキ・アナグマ・テン・イタチ・サル・オオヤマネコがあり，イノシシ・シカが最も多い。同時期の麦之浦貝塚や草野貝塚からも数多くの動物種が出土しているが，当時の人々の重要な狩猟獣はイノシシ・シカが中心であったことが裏付けられた。また，オオヤマネコの出土は九州では初めてであり，全国でも鳥浜(とりはま)貝塚，上黒岩(かみくろいわ)岩陰，大曲(おおまがり)洞穴など数カ所からの出土であり，非常に貴重な資料である。貝層出土の貝類は，60科134種と多量である。そのなかで食用に適しなかったと考えられる種は，アラムシロガイ・イボフトコロガイなどの約20種が含まれる。同時に陸産貝9種が含まれているが，そのなかで，とくにフナトアズキガイの出土は注目される。フナトアズキガイは現棲地は熊毛諸島が北限であり，九州本土で過去に繁殖していたことを示す記録として注目されている。

80

柱状節理利用の石棒製作址
岐阜県塩屋金清神社遺跡

岐阜県吉城郡宮川村にある塩屋金清神社遺跡は，背後の山塊にある柱状節理の溶結凝灰岩を利用した石棒製作址である。石棒の原石・未製品のほか，敲打器・砥石が多数出土している。同様の素材を利用した石棒・異形石製品類は，村内外の遺跡でも確認されつつある。石棒の製作過程，供給状況を知る上で重要な資料となろう。

　構　成／立田佳美
　写真提供／宮川村教育委員会

遺跡全景

土層断面

石棒原石・未製品出土状況

岐阜県金清神社遺跡

左から石棒原石・未製品・製品

堂ノ前遺跡出土の彫刻石棒（左）と塩屋金清神社遺跡出土の石冠・御物石器（右）

家ノ下遺跡出土の石棒未製品・破片（塩屋金清神社遺跡より12kmほど南に位置する）

四隅突出型墳丘墓が発見された
福井県小羽山古墳群

福井県丹生郡清水町の通称小羽山に所在する小羽山古墳群で弥生時代後期後葉の四隅突出型墳丘墓（小羽山30号墓）が発見された。福井県では初の検出例で，突出部を含めた全長は33 m×27 m（復元長）を測る。墳形をはじめ，埋葬施設の構造と規模，副葬品の組成など，北陸にあっては最も山陰的な四隅突出型墳丘墓である点が注目される。

構　成／古川　登
写真提供／清水町教育委員会

小羽山30号墓と周辺の小型方形墓

小羽山30号墓を西からみる

墳裾に転落した土器

福井県小羽山古墳群

埋葬施設全景

埋葬施設上面に供献された土器

埋葬施設上面に置かれた蛤刃石斧

墳頂・埋葬施設陥没坑（土器除去後）

棺内副葬品出土状況

● 最近の発掘から

柱状節理利用の石棒製作址——岐阜県塩屋金清神社遺跡

林　直樹　宮川村教育委員会

　塩屋金清神社遺跡は吉城郡宮川村塩屋字ほそおさに所在する縄文時代の遺跡で，石棒が多数出土することから明治年間より注目を受けていた遺跡である[1]。南山大学のトレンチ調査（1973年）により石棒製作址である可能性が予測されていたが[2]，今年度の調査（観光開発に伴う緊急調査）により，その具体的内容が徐々に明らかになりつつある。

　遺跡のすぐ裏山には柱状節理を呈する溶結凝灰岩の露頭があり，石棒の素材として利用されている。発掘区（約400㎡）からは800点以上もの石棒（未製品を含む）をはじめとして，敲打器（ハンマー）・砥石などの工作具が多数出土している。村内外の縄文遺跡から同様の素材を利用した石棒が出土することを考えあわせるならば，当遺跡が石棒製作址であったことは疑い得ない。

　柱状節理を利用した石棒製作址の検出例は，群馬県恩賀遺跡に続き全国で2例目である[3]。縄文時代の精神生活・交易を考究する上で重要な資料となり得よう。

1　位置と環境

　宮川村は岐阜県の最北端，飛越国境に位置する山村である。村の中央部を北流する宮川沿いに形成された河岸段丘上には，縄文遺跡が散在するが，当遺跡もその1つである。

　前述の如く遺跡背後の山塊には溶結凝灰岩の柱状節理露頭が群在し，崩落した角柱状自然石が山中や谷間の随所に散乱している。正しくは黒雲母流紋岩質溶結凝灰岩と呼ばれる火砕流の残滓で，柱状節理を呈すること，単結晶の黒雲母を含有することを特色とする。宮川村塩屋地区を中心とした極めて小範囲にのみ分布するため，「塩屋層」と命名されている[4]。角柱状自然石の規模は様々であるが，石棒の素材としては径7〜10cm，長さ30〜50cmほどのものが一般的である。断面は不定形な四角形，五角形を呈するものが多い。

　遺跡の中央部には金清神社の社殿が鎮座しており，遺跡の名称もこれに由来する。社殿奥には近辺の遺跡より出土した大小様々な石棒が収納されている。石棒が「金精様」（子授・安産の神）として民間信仰の対象となった一例で，創建は江戸時代に溯るようである[5]。

2　出土遺物

　発掘区のほぼ中央からは，裏山から宮川本流に向かう旧河道が検出された。住居址などの遺構は確認されていない。旧河道を埋める堆積土層は，土砂流のような一過性の出来事により形成されたものではなく，長期間にわたって徐々に堆積した結果であるように見受けられる。石棒を始めとする遺物の大半は，この堆積土層の中に包含されていた。

　出土土器は縄文時代後期初頭より晩期前葉に至る年代を示し，北陸西部編年に沿った展開を見せる。とりわけ後期初頭〜中葉のもの（堀ノ内1式・気屋式から加曾利B2式・宮田式・酒見式・井口式の諸型式）が大半を占め，後期後葉〜晩期前葉の段階（八日市新保式・御経塚式）になると減少するようである。

　溶結凝灰岩製石棒のほとんどは欠損あるいは破片資料であるが，製作技法により3種に大別することが可能である。柱状節理の稜線を打ち剥す剥離加工，円柱状に整形するための敲打加工，仕上げのための研磨加工の3種がそれで[6]，剥離・敲打・研磨の順を踏んで製作されたことが想定できる。稜線を利用し石刀に仕上げた個体も多い。

　石棒製作に使用された工作具としては川原石を利用した敲打器・砥石などが多数出土しているが，このうち敲打器は剥離・敲打加工を行なうために使われたと考えられる。敲打器の中には，刃部がすり減り丸く潰れた個体も多く見受けられるが，石棒製作実験による使用痕の在り方とも合致する。このような敲打器のまとまった出土は，村内の他の縄文遺跡では確認されておらず，当遺跡の持つ特殊な性格（すなわち石棒製作址としての性格）を裏付ける資料として注目される。

　その他の出土石器類としては打製石斧・磨製石斧・磨石類・横刃形石器・石鏃・楔形石器などが挙げられる。中でも打製石斧・磨石類・横刃形石器の出土数は群を抜く。それに対し有縁石皿や礫石錘，石匙はほとんど見られなかった。土器に同じく石器組成（石棒および加工具類を除く）も，北陸西部や飛騨北部後・晩期の通態に即するようである[7]。

3　石棒製作の年代とその分布

　前述の如く柱状節理を呈する溶結凝灰岩利用の石棒は，村内外の縄文遺跡から確認されつつある。当遺跡から13kmほど南に位置する堂ノ前遺跡（縄文中期中葉〜後葉の集落址，1991年調査）からは柱状節理利用の彫

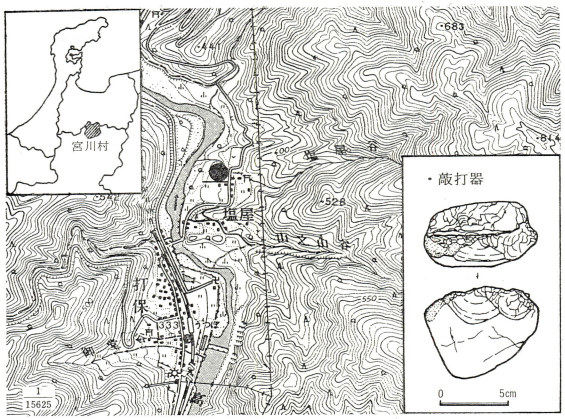

遺跡位置と出土遺物

刻石棒3点が出土している。また村内各地の遺跡からは同じく柱状節理利用の石冠・御物石器・異形石棒が出土している。塩屋層を素材供給源とした石棒製作の伝統は、中期中葉には始まり晩期に至るまで継続したようである。塩屋層の利用時期は、当該地域における石棒文化の生成・発展・衰滅の全過程に及ぶわけである。今、石棒の形態変化に注目するならば、暫定的に3時期区分を設定することもできよう。すなわち大型の彫刻石棒が出現する第Ⅰ期（中期中葉〜）、石棒が小型化・形態分化する第Ⅱ期（後期前半〜）、石冠・御物石器など異形石製品が出現する第Ⅲ期（後期末〜）の、3時期である。

次にその分布に目を向けたい。塩屋層の見極めのポイントは柱状節理を呈すること、褐色に酸化した自然風化面を残すこと、黒雲母の単結晶が観察されることなどであるが、肉眼による観察には限界がある。目下行なわれている成分分析による産地同定の結果を待つよりないが、富山方面や飛騨南部の諸遺跡にも、同様の特色を有する溶結凝灰岩製石棒が分布することを付け加えておく。

柱状節理を呈する凝灰岩は、加工し易く石棒の素材としては最適である。塩屋金清神社遺跡や群馬県恩賀遺跡で見られるような柱状節理露頭と石棒製作址との結びつきは、他地域でも確認されると思われる。問題提起の意味を含めて当遺跡の概要を速報させていただいた。

註
1) 岡　巌「飛騨の石器」東京人類学会雑誌, 21, 1887 など
2) 南山大学人類学博物館『塩屋金清神社遺跡』1981
3) 山武考古学研究所の御教示による。
4) 通産省技術院地質調査所「白木峰」『地質図幅5万分の1』
5) 『宮川村誌』1981
6) 南山大学人類学博物館前掲書
7) 金沢市教育委員会『金沢市新保チカモリ遺跡　石器編』1984 など

●最近の発掘から

弥生後期の四隅突出型墳丘墓——福井県小羽山古墳群

古川　登　清水町教育委員会

　小羽山30号墓は福井県丹生郡清水町小羽の通称小羽山に所在する。調査は1991年10月に開始し，1992年7月に完了した。

　小羽山古墳群は，現在までに円墳9基，帆立貝形古墳1，前方後円墳1，方形墓12基，中世の城砦遺構1について調査を完了している。なお，これまでの調査で同古墳群は弥生時代後期後半から古墳時代後期前半にかけて営まれたものであることが明らかとなりつつある。ここでは四隅突出型墳丘墓である小羽山30号墓についてその概要を紹介する。

1　墳　丘

　墳形はいわゆる四隅突出型で，福井県では最初の検出例であり，北陸地方では4例目である。その規模は墳丘裾部の長さ 26×22 m，墳頂部の長さ 18.5×13.2 m，主丘部の高さ約 2.7 m を測り，墳丘の平面プランは長方形を呈する。突出部を含めた全長は復元長 33×27 m を測り，突出部の先端から墳頂部までは約 3.7 m の比高を測る。

　墳丘の各辺はやや内湾するものの，それは顕著なものではない。墳丘の東から北の裾回りには最大幅 3 m を測るテラスが造られており，そのテラスのめぐる部分が見せる部分として意識されていたと考えられる。周溝は半円形に掘られており，その溝底には 65×77 cm の焼土壙があり，割木状のものを燃やした痕跡を認めた。突出部の形状は発達した舌状を呈するが，先端部は開かず貼石・列石も存在しない。最も保存のよい東突出部は幅6 m・長さ 5 m を測る。

　墳丘の各斜面には土器が散布していたが，とくに東斜面に密に散布していた。これらの土器の大半は原位置を保つものではなく，2次的に移動したものである。それは土器が墳丘の流土に包含され，墳丘表面より浮いた状況であったことで明らかである。これら墳丘斜面に散布していた土器は墳頂縁辺に置かれていたものであろう。なお，南側墳丘裾部では高杯1点を置かれたような状況で検出している。おそらく，これだけが原位置を保つものであろう。

　各斜面に散布していた土器の器種は高杯・器台・甕・台付壺などであり，その総量は20個体前後である。

2　埋葬施設の概要

　埋葬施設は墳頂部中央，盛土下 20 cm で1基を検出している。墳頂平坦面の各所を切断した結果では他の埋葬施設は存在しない。墓壙の規模は 5×3 m・深さ 1 m を測る。墓壙の上面は 20～30 cm の厚さの盛土が覆っていた。墳頂平坦面には棺蓋が腐朽落下したさいに生じた 4×2.5 m・深さ 0.4 m の陥没坑を認めた。この陥没坑内には20～30個体の土器が落ち込んでおり，一つの埋葬施設から出土した土器の数としては北陸地方で最多出土例である。土器の器種は高杯・器台・甕・鉢・壺であり，この土器を除去した面に蛤刃の磨製石斧1点を検出している。これは墓壙上面における礫の配置の一例であろう。注目されるものとして，この石斧の下でガラス製管玉1個を検出している。

　墓壙上面における遺物の出土状況は，埋葬が終了し，墳頂部に 20～30 cm の盛土が施された後，埋葬施設のそれも棺の直上にまず蛤刃の磨製石斧とガラス製管玉1個が置かれる。そして，その後に多量の土器が配置された状況を復元することが可能である。

　棺は組合せ式の箱形木棺で全長 3.5 m・幅 1 m を測る巨大なもので，弥生時代の箱形木棺としては管見では日本最大である。

　副葬品は玉・剣からなり，その出土状況は玉が棺内のほぼ全面に散乱し，なにかマジカルな意味で玉を撒いているように思われる。鉄剣は位置的には胸の上に置かれていたものかと考えている。また，部分的ではあるが朱の散布も認められる。しかし，その量は極めて少ない。棺の構造・副葬品の配置などから遺体は西枕であった可能性が極めて高い。棺の主軸方向を東西に持つのはほぼ同時期の 14・15・16・17・28・33 号墓でも検出しており，一般的なものであったようである。

3　副葬品の概要

　玉類はガラス製管玉10点・ガラス製勾玉1・碧玉製管玉103点を検出している。ガラス製管玉は墓壙埋土中からも1点を検出しているため総量は11点である。なお，北陸地方の弥生時代におけるガラス製管玉・ガラス製勾玉の出土例としては最初のものである。

　ガラス製管玉はスカイブルーを呈し，直径 0.4 cm・長さ 1～1.5 cm を測る。穿孔は両側穿孔であり，吉野ヶ里

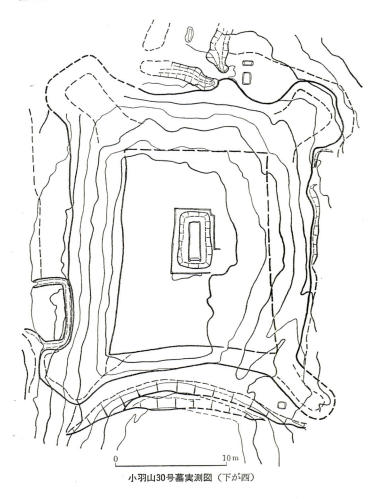

小羽山30号墓実測図（下が西）

遺跡の墳丘墓で検出されている管玉などのように針金に溶解したガラスを巻き付け，その後に針金を引き抜くといった製法ではないことが確かである。これは碧玉製管玉と同じ技法で作られている可能性が高い。

碧玉製管玉はいわゆるグリーンタフ製であり，その多くはライトグリーンを呈する。直径 0.2～0.3 cm・長さ 1～2.0 cm を測る。穿孔は両側穿孔と片側穿孔がある。この碧玉製の管玉は北陸地方では一般的なものである。

鉄剣は1振を検出している。短剣であり，柄頭から鞘尻までの長さ 34 cm を測る。木装はかなり良好な状況で遺存しており，鞘尻を除く部分がほぼ完存している。弥生時代の鉄剣で木装が遺存しているものとしては管見では日本最初の例である。また，北陸地方の弥生墳丘墓検出の鉄剣としては最古である。

4　時　期

小羽山30号墓の造営時期は墳丘各斜面検出の土器および墳頂平坦面検出の埋葬施設陥没坑内検出の土器が北陸地方の法仏式，畿内の西の辻D～上六万寺式併行であるので，弥生時代後期後葉の造営と考えられる。岡山県の楯築墳丘墓・島根県西谷3号墓とほぼ同時期の造営と考えられる。現在のところ北陸地方最古の四隅突出型墳丘墓である。

5　山陰地方との関係など

小羽山30号墓は長方形の墳丘に突出部が付き，突出部の成形は削り出しによっており，突出部は立体的である。貼石・列石の存在しない点を除けば島根県西谷3・9号墓によく似た平面プランであると言える。これに対し，石川県一塚21号墓，富山県杉谷4号墓・富崎1号墓は正方形の墳丘に突出部が付き，かつ突出部は周溝をめぐらせることによって表現しているという平面的なものである。この墳丘の平面プランにおいても小羽山30号墓は北陸地方最古と言える。

また，小羽山30号墓は墳形だけではなく，埋葬施設の構造と規模・副葬品の組成・土器供献儀礼・墓壙上面における礫（磨製石斧）の配置などが島根県西谷3号墓に類似していることが注目される。これらの点から北陸地方の中で最も山陰的な四隅突出型墳丘墓であると言える。しかし，小羽山30号墓は単次葬であるので，山陰地方の四隅突出型墳丘墓が基本的に多数埋葬であることとは異なっている。

現在，小羽山30号墓は法仏式期に限った場合では北陸地方最大の弥生墳丘墓であり，これに単次葬という条件を加えたならば比肩するものは全く存在しない。同格の埋葬施設・副葬品を持つものも存在しない。それ故，北陸の弥生時代後期を考える上で看過できない墓であると言えよう。

小羽山30号墓の調査については近藤義郎・吉岡康暢・原口正三・和田晴吾・藤田等・置田雅昭先生に多くのご教示をいただいた。また，渡辺貞幸先生には西谷3号墓の調査事例をご教示いただき，かつ現地でのご指導をいただいた。ここに文末を借りて謝意を表したい。

連載講座
縄紋時代史
15. 縄紋人の領域（2）

北海道大学助教授
林 謙作

前回，縄紋人の領域は，一枚板のようなものではなく，幾重にもいりくんだ構造になっている，とのべた[1]。しかし，具体的な説明は，赤沢威のいう「遺跡テリトリー」——それを「核領域」とよび換えたわけだが——のほかにはあまり及んではいない。今回は，何種類もの領域の重なり，その重なりかたを説明してみよう。この問題については，何人もの人々が，型式解釈論をはじめ，さまざまな立場から発言している。しかし，ここでは紙面の都合で，省かせていただくことにする。

1. ＜核領域＞と「核領域」

じつは，核領域という言葉を使うのは都合がわるい点がある。というのは，この言葉を，私よりさきに，べつの意味で使った人がいるからだ。小林達雄は，「一定の製作の流儀によって醸し出された」「共通する雰囲気・効果」をそなえた複数の「型式」を「様式」とよび，「共通の雰囲気を見せる様式を支持する」のは地縁的集団であるという[2]。この小林の「様式」・「型式」の定義は小林行雄とまったくおなじ言葉に，違った意味あいをもたせている。この点については，すでに何人もの人々が批判している[3]。ここでは，小林達雄が「様式」とよんでいるのは，ウィリーとフィリプスが Tradition とよんだもの[4]，その土台となる「範型」は，mental template を換骨奪胎したものだ，とだけいっておこう。それはともかくとして，小林達雄はこのような様式のひろがっている範囲が「核領域」なのだ，という[5]。

小林は，さらに論をすすめて，＜核領域＞（しばらく小林のいう核領域をこのように，私のいうところを「核領域」と書きわけることにする）の中身を説明する。そのついでに，私の集団領域についての発言[6]をひき合いにだし，「林が区分する小地区が，核領域内に現実に存在した蓋然性はたしかに低くない」が，「日常性において自己完結することができないのであり，他との相補関係によってはじめて互いに存立が保証される」のだから，「領域としての機能を備えて独立あるいは主体性を維持できるものではなく」，＜核領域＞こそが基本的な単位なのだ，と主張する[7]。かりに小林がいうように，私がかつて集団領域とよび，あらためて「核領域」と名づけた空間が日常生活の土台としての意味を持っていないならば，ことさらまぎらわしい言葉をつかう必要はない。しかし，小林の意見には，いくつか承服できない点がある。小林が「様式」を手掛かりとしてまとめあげた地域的な結びつき，それはたしかに「現実に存在」してはいる。ただし「日常性において」，つまりケの世界のなかでとらえられる性質のものではなく，非「日常性」つまりハレの世界のなかではじめてとらえることのできるものなのだ。私があえて「核領域」という言葉を持ちだしている理由はここにある。

小林は，「活動の舞台としての空間的なひろがりとそこに根拠する縄文人の集団との相互の関係は，恰も紙の裏表にあたるべき性質」(ママ)のもので，その関係を領域という概念でとらえることができるという。さらに，この領域は「おクニ自慢，おらがクニさ，おクニ言葉の，あのおクニで」，「縄文時代のクニこそ，縄文時代の歴史の基本的な単位となるものであり，地理的な一定の範囲およびそこを根拠とする縄文人集団のまとまりを意味するのである」[8]ともいう。

小林のいう「縄紋時代のクニグニ」，それはいくつかの型式をこえて括ることのできる土器の分

89

布圏にほかならない。われわれが土器から読みとることのできる特徴, それがなぜ土器の工人・使人の領域の旗印となるのだろうか。ひとつの様式は「実際上は型式の組み合わせとして, ある一定の地域的なひろがりを示し, ある一定期間維持される」という言葉, さらに「型式は, 集団表象としての意味を持つ」という言葉[9]のなかに, その答えは用意されている。つまり, 一人一人の土器の工人の意識のなかの「範型」は, 実際にはそれらの人々の属している集団の全員が共有している。それだからひとつの型式の拡がりは数世代のあいだ, ひとつの様式の分布圏はいくつかの型式にわたる集団の領域と考えることができる。小林の説明は, このように組みたててある。

この説明は, 小林があげる事例やたくみな比喩にしたがって読みすすむかぎり, まことにもっともである。そのかぎりでは, この説明には問題がない, そのように思いこんでしまう。しかし, 小林の意見には, 理屈の立てかたにも, データの解釈にも問題がある, と私は考えている。順をおって説明することにしよう。

小林も, 領域は一枚板ではなく, 大領域・中領域・核領域の三枚がさねになっている, という。ただし, 大領域・中領域は観念的なもので, 資源利用などの具体的な活動や, 集団としての帰属意識を左右するようなものではない。集団のメンバーの具体的な活動の場としての意味をもっているのは<核領域>で, 私のいう「核領域」は集団としての自立性を保証する経済的な基盤とはなりえないという[10]。

ここで集団というものの性質が問題となる。小林が取りあげている集団は, 土器の工人・使人である。土器を作るという活動・使わねばならぬ状況のなかで浮び上がってくる集団だ, といってもよい。その集団が, ほかのありとあらゆる活動のときに成立する集団と, 一分の狂いもなく一致するならば, 小林の意見はつねに成りたつ。かりにそうであれば, 小難しいいい方をすれば, 小林の提出した命題は法則的である, といえる。しかし小林は, その点の吟味はしていない。小林は土器の工人・使人として女性を考えているらしい[11]。通俗的な民族誌をひき合いにだせば, 矢じりや丸木船を作り, 住居を建てるのは男の仕事である。とすれば, 土器の工人・使人と, 矢じり・丸木船・住居の工人はたとえひとつの集団のなかにと

けこんでいるとしても, それだけをひき出せば, べつの集団である, と考えるのが常識というものだろう。そのような集団が, 違った意識・別々のシンボルをもち, 独立して行動するとしても, 不思議はない, というよりも自然なことだろう。とすれば, 小林の意見は, いついかような場合にも成りたつわけではなく, 場合によっては成りたち, 場合によっては成りたたぬ, そのような性質のものなのだ。またもや小難しいいい方をすれば, 法則的ではなく, 総合的なのだ[12]。

具体的なデータ, ただしほかの問題は後回しにして, ここでは土器のことを考えることにしよう。小林は亀ヶ岡土器様式が「大領域全体をも席捲する」ことを指摘している[13]。しかし, 中領域や<核領域>が姿をとどめていないのか, それとも具体的な意味はないとしても, それにあたる区域を線引きすることはできると考えているのか, その点はよくわからない。

晩期の中葉, 東北地方には大洞 C_2 式という型式が分布している。佐藤広史は, この型式の器種の組合わせ・一つの器種のなかの器型をこまかく分類し, 分布の濃淡を調べあげた[14]。この時期には, 日常の煮炊きにつかう土器 (=ケの器)[15], つまり粗製深鉢にも, こまかな地域差があらわれる。地紋を観察すると, 無文と刷毛目, 撚糸紋と刷毛目の組合わせが東北南部, 短めの縄を横に転がした縄紋が東北中部, 細い条痕と長い縄を斜めに転がした縄紋の組合わせが東北々部と渡島半島に, それぞれひろがっている。つまり, 粗製深鉢の地紋を手掛かりとすれば, 大洞 C_2 式の分布圏は, 三つのブロックにわかれる (図1)。しかし, これに屈曲の有無・口端部の作りと装飾の有無と種類など, 器型の特徴をつけくわえると, 三つのブロックは消えてしまい, 盆地・水系・湾岸など, おもだった地形単位ごとのまとまりが目立つようになる。

マツリに使う土器 (=ハレの器), つまり精製土器はどうだろうか。いくつかの器型, たとえば注口・中形の浅鉢などは, 渡島半島から那珂川水系まで, きわめて広い範囲に分布している。これが佐藤のいう分布Dで, もっとも広い意味での大洞 C_2 式の分布圏にあたる。壺の器型からみると,

①口頸部が外に開き, 最大径が胴部上半にあり胴部に浮き彫り的な手法でC字文を描いた中形の壺の分布する地域 (渡島半島―東北北端部)

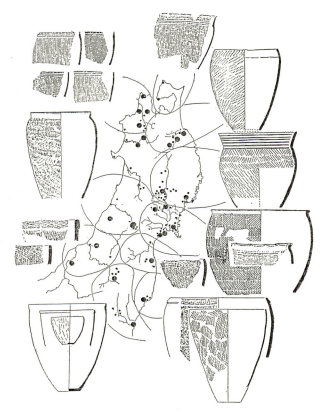

図1 大洞 C_2 式の粗製深鉢の地域差（註14 第6図を改変）

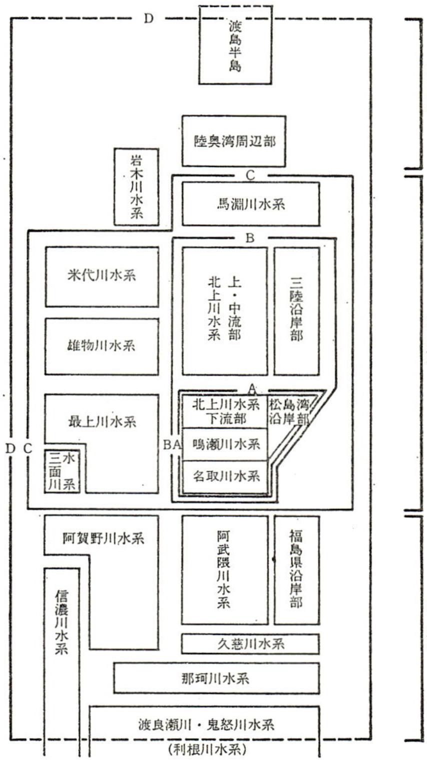

図2 大洞 C_2 式の地域構成（註14による）

②口頸部が直立または外傾し最大径が胴部の中央にあり，胴部に直線化した雲形文をすり消し手法で描く中—小形壺の分布する地域（東北北部—中部）

③口頸部下半が内傾・上半が外傾し，最大径は胴部上半，口頸部に雲形文を描いた小形壺（長頸広口壺）の分布する地域（東北南部—北関東）

の三つのブロックを指摘できる。この傾向は，粗製深鉢の地紋の種類の地域差とほぼ一致している。

これらに，A字突起のつく鉢・大形浅鉢・香炉形土器などの要素をくわえた器種・器型の組合わせは，北上川上—中流域・三陸沿岸・仙台平野に分布している。この範囲（＝分布B）が，大洞 C_2 式の分布圏ではないか，というのが佐藤の意見である[16]。この地域を，粗製土器の特徴によって，南半と北半に分けることもできる（＝分布A）。

なにを手掛かりとして地域差をとらえるか，その基準によって，さらに細かな違いも浮び上がってくる。北上川中流域の遺跡群の動きを観察してみよう。

おなじ北上川中流域（北上盆地・図4）も，和賀川流域と胆沢扇状地は，地形単位だけではなく，遺跡群の動きからも区別できる[18]。和賀川流域の晩期の遺跡は，北上川・和賀川の合流点に集中している[17]。これは晩期全体をとおして変化はない。ただし，前葉の遺跡はすべて中位段丘の上にあり，低位段丘・自然堤防にはのっていない。低位段丘・自然堤防の上に集落が成立するのは，大洞 C_1 からのちのことで，和田前・丸子館など，中位段丘の上に集落をつくっていた人々の子孫が，目の前の低位段丘や自然堤防におりていって新しい村をつくった。それが牡丹畑・九年橋などの後期中葉にはじまる遺跡だ。和賀川沿岸の晩期の遺跡群を観察していると，こんな推測ができる。胆沢扇状地でも，これとおなじ動きを観察することができる。しかしこの地域では，晩期前葉

91

の遺跡は扇頂に近いところにあり，数もごく少ない。晩期中葉を境として，遺跡の数は急にふえはじめ，大洞 C_2 期にはじまる遺跡がとくに多い[18]。しかし，ここではすぐ目の前の低地ではなく，北上川あるいは胆沢川に沿った地域まで移動している。あるいはほかの地域からの移住・入植もあるかもしれない。胆沢扇状地の遺跡群から，このような動きを読みとることができる。おなじ北上川中流域でも，和賀川の北をこれと平行に流れている豊沢川沿岸には，晩期の遺跡はほとんど分布していない。

　ここで説明している晩期の遺跡群の動きは，領域と無関係ではないとしても，じかのかかわりは薄いように思われるかもしれない。たしかにその通り。遺跡群の動きを観察してみると，北上川中流域というまとまりが一つのものではなく，豊沢川沿岸・和賀川沿岸・胆沢扇状地という単位を，独立したものとして扱うことができる，それだけのことを説明したかったまでのだ。ただし，その意味はけっして小さくはない。小林は，縄紋時代の歴史の説明の基礎になるのが領域であり，それは縄紋社会の基礎となる単位であることを力説する[19]。それは，遺跡群をとおして縄紋時代の社会・歴史をとらえようとする岡本勇の提案とおなじく，否定されるべき性質のものではない。しかし目のつけどころが正しくとも，目配りの範囲が間違っていれば，正しい結論にゆきつく確率は低くなる。まぐれ当たりをあてにして作業をはじめるわけにはゆかない。小林の領域論のなかでは，ここで問題にしているような小地域のもつ意味・そのなかの動きを，無視あるいは見落としている。私があえて小林の意見に異をとなえる一つの理由はここにある。

　ところで，一つの孫型式の分布範囲が，いくつかの「核領域」を取りこんでいることは間違いない。いくつかの孫型式の分布範囲をくくったものが，一つの＜核領域＞になる。理屈のうえでは，さきに紹介した佐藤の作業の手順によって＜核領域＞のなかの土器に共通する特徴をとらえることもできるはずだ。しかし，いまのところ縄の撚りの強さ・施文のときの土器の乾き具合，素地のなかの混ぜもの・焼き上りの状態など，よほど土器を見慣れた人でなければ，「共通した雰囲気・ムード」[5]としか言い表わしようのない要素だけなのだ。だからといって＜核領域＞が実在していな

い，とか観念的な性質のものだ，といい切ることはできない。具体的な資料の分析をつづければ，線引きはできるにちがいない。この問題にいますぐ判断を下すのは，控えておくのが穏当だろう。しかし＜核領域＞・「核領域」の取りこんでいる範囲には大きな違いがあり，二桁ほどのズレがある。それでは中身はどうだろうか。材料を取り替えて吟味をつづけることにしよう。

2. 生業・石器原料と領域

　仙台湾沿岸では，春〜夏には沿岸から内陸に，秋〜冬には内陸から沿岸に，食料を供給しているのではないか，と推測した[20]。その説明のなかでは，理屈のうえでの話を表にだした。だが，具体的な裏付がまったくないわけでもない。宮城・中沢目（なかざわめ）では，アサリやハゼなど，内湾でなければ手に入らぬ食品が，ほぼ決まった間隔でくりかえしでてくる[21]。中沢目の住民が，春・秋に沿岸部にまで出かけていたのか，決まった季節に沿岸部からの客人をうけいれていたのか，いまのところわからない。いずれにせよ中沢目の住民は，春〜夏にはアサリ，秋口にはハゼを口にすることはできたのだ。内陸から沿岸部に食料を供給した，という証拠はいまのところ見つかっていない。狩猟採集民Xは，Aに資料を供給して，いつかはAはいうまでもなく，B・C・D……から供給をうける権利を確保する。彼らは，いわば取引の範囲・決済の期間も無限といえるほど，スケールの大きな信用取引をやっている。狩猟採集民の社会の特徴の一つ，互酬 reciprocity の原理は，このようにして成り立っている。縄紋人の社会，とりわけ東日本の後・晩期には，この原理はよわくなっていたかもしれない。しかし，まったく跡形もなくなっていた，とは考えにくい。とすれば，内陸から沿岸にも食料の供給があった，と考えるのもまったく筋が通らぬ話ではない。古東京湾の奥，ヤマトシジミの貝層のある貝塚で，フグやクジラがでてくるのは珍しいことではない[22]。関東地方でも，沿岸から内陸へ食料を供給していた，おそらくその逆の流れもあったに違いない。ほかの地方でも，気をつければ資料は増えるに違いない。

　内陸から出てくる海産の食品，それを手掛かりとすると，内陸と沿岸という一対の単位がうかんでくる。海産物とかかわりの深い漁具，これにも対になる特徴がある。仙台湾・三陸沿岸では，燕

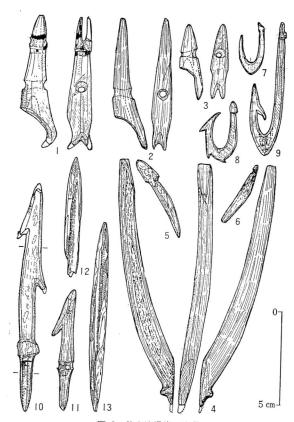

図 3 仙台湾沿岸の漁具
1～3 ハナレ，4～6 組合わせヤス，7～9 釣針，10～13 ヤス（1～9 宮城・田柄，12・13 同・中沢目出土）

尾形銛・離頭銛などと呼ばれているハナレ（図3-1～3)・組合わせヤス（同4～6)・釣針（同7～9）が発達する。いずれもシカの角を材料にしている。内陸の遺跡からも，このような漁具がまったく出ないわけではない。しかしふだん魚捕りにつかっていた，とはいえない。内陸で目につくのは，シカの足先の（中手・中足）骨で作ったカエシもないヤス（図3-12・13）である。たまに釣針が出れば，やはり足の骨，さもなければイノシシの牙をつかっている。ハナレ・組合わせヤス・釣針が多いか少ないか，材料が角か足の骨か，それを目安として沿岸・内陸という区別を立てることができる。

年代のズレが気にはなるが，浅部（あさべ）貝塚の住民が使っていた漁具は，中沢目・貝鳥の住民が使っていたものと区別がつかない。また，沼津・田柄（たがら）からでた漁具を，二月田（にがて）・里浜のものと混ぜても，区別できないだろう。さきに，貝塚から出る動物の種類と比率にもとづいて，仙台湾沿岸の住民の生業を四種類に分類した[23]。しかし，漁具の種類を目安にすれば，この区別は消えてしまい，沿岸・内陸の区別がきわだつことになる。

このような考えも，小笠原好彦らの目からみれば「環境決定論的な弱さがある」[24]ということになるのかもしれない。たしかに仙台湾沿岸の「集団領域」について発言したとき，人間の資源利用・需給関係・それを基盤とする社会関係，そういった問題のとらえ方に不十分な点のあったこと，それは否定できない。しかし，小笠原らの発言には，人間がそのなかで暮している環境，そのなかの物理的な側面に目をつけること，それ自体が環境決定論にひきこまれることになる，そういった偏見はないだろうか。それはともかく，小林は私の区別している地域は領域と呼べるものではなく，私が「生活圏」[25]とよんだものが，ようやく領域としての意味を持てるのだ，という[26]。核領域と生活圏，この二つの言葉は上下の関係にある。しかし，それだけではなく，線引きをする理屈のうえでも，違いがある。どのような違いなのか，実際の材料をつかって説明しよう。

仙台湾沿岸の内陸部・沿岸部の住民は，季節によって，かわるがわる食品を供給する立場・供給を受ける立場をとった。しかし，四季をとおしてみれば帳尻はあっており，一方だけが借り越しになるようなことはなかった。むずかしい言葉をつかえば，この二つの地域の住民たちのあいだには，互酬的な関係 reciprocal relation が成りたっていた，ということになる。しかし，この地域の住民全体が，一方的に受け手の立場になってしまう，そういった品物もある。それは石器の原料である。脇道にそれるが，石器の素材とその分布について，説明しておこう。

縄紋人は，かなりさまざまな原料を使いこなしていた。用途によって「粗仕事」（ヘビーデューティー）と「細仕事」（ライトデューティー），岩石の性質によって，花崗岩・凝灰岩・安山岩・溶岩のように肌目の粗いもの（粗粒岩石），玄武岩・閃緑岩・輝緑凝灰岩などのように中くらいの肌目で重みのあるもの（中粒重岩石），黒曜石・頁岩・珪質安山岩（サヌカイト）のように肌目は細かいが重みはないもの（細粒軽岩石）にわかれる。たとえば石皿・磨石などは粗粒岩石をつかう粗仕事の道具，石斧は中粒重岩石を素材とした粗仕事の道具，小形磨製石斧は素材はおなじでも細仕事の道具，石鏃・石匙などは細粒軽岩石を素材とした細仕事の道具である。

日本列島の骨格を作っている脊梁山脈のまわりには，粗粒岩石や中粒中岩石はふんだんにある。しかし，石鏃・石匙などの原料となる粒の細かい岩石となると，黒曜石のほかには，きわめて乏しい。細粒岩石は，脊梁山脈から東西にはなれた地域に分布している。だから，脊梁山脈に水源のある河川の流域では，粗粒岩石・中粒中岩石を手に入れるには苦労しないが，狩猟具・解体処理の道具の素材となる細粒の岩石を手に入れようとすれば一苦労する。そのような原料にめぐまれているのは，ごく限られた地域だけになる。日本列島のなかの石器の原料の分布は，大まかに見れば，このように説明できる。

　日本列島のなかで貝塚が密集している地域は，石材にとぼしい。北海道の有珠湾沿岸・北上川下流域（とくに松島湾），房総半島，有明海沿岸など，どれをとっても石器——とりわけ石鏃・石匙などの原料は皆無にちかい。三陸沿岸のように，石材が皆無とはいえぬところでも，種類は限られている。古東京湾沿岸のように，段丘の発達する地域では，礫層が露出しているところを原料の供給源に利用することもできる。しかしその場合でも，かつての川筋に分布していない岩石が手に入るわけはないし，露頭もどこにでもある訳ではない。

　このあたりの事情を，仙台湾沿岸を例として，もうすこしくわしく説明しよう。かぎられた地域だけに分布している石鏃・石匙などの原料，それに話をしぼることにしよう。この地域では，これらの石器の原料は，頁岩がもっとも多い。頁岩がとれるのは，庄内盆地・横手盆地など，脊梁山脈の西側の地域だけ。このほか，北上山地の各地には珪質粘板岩が分布しており，その北半部にはチャートもある。また脊梁山脈に水源のある河川の流域には，黒曜石をふくむ礫層もところどころにある。しかし，これらの岩石は，あまりひろい範囲では利用していない。

　また，この地域の微地形も，石器の原料を手に入れるのにきわめてつごうが悪い。この地域は，迫川・江合川・鳴瀬川など，北上川の支流の河川の中—下流域にあたっている。しかも平坦な地域で勾配がゆるいから，河川敷の面積は広くとも，どこでも石拾いができるわけではない。しかも，

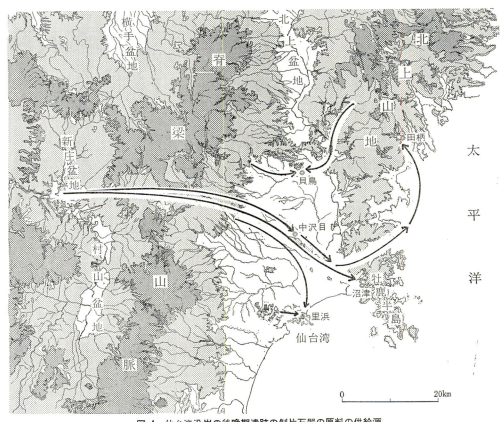

図4　仙台湾沿岸の後晩期遺跡の剝片石器の原料の供給源

この地域の現在の地形の基盤となっているのは，脊梁山脈ができあがる頃に噴きだした凝灰岩なのだ。たとえば松島湾沿岸のように，古い岩石を巻き込んだものが堆積しているところは別として，基盤のなかには，石鏃・石匙などの原料となる石はまったくみあたらない。基盤が軟らかい岩石だから，段丘は発達せず，やせ尾根ばかりがつづいている。一言でいえば，この地域は，石器の原料がひどく貧しいところなのだ。

宮城・中沢目貝塚は，こんな地域にある。ところがここで出ている石器・剥片・チップを調べてみると，90％以上が頁岩である[27]。黒曜石やサヌカイトとちがって，頁岩の原産地を推定する理化学的な方法は，まだ開発されていない。だからあまり確実とはいえないのだが，中沢目の頁岩は庄内盆地のものらしい。横手盆地など，秋田地方のものにくらべると，珪酸分が少なく色が白茶けている。はっきりした経路はわからないが，奥羽山脈を東西に横ぎる交流があったことは間違いない。沼津貝塚でも，石鏃・石匙には頁岩を使っている。蟹沢聡史によれば，田柄貝塚の石器・剥片・チップも，頁岩がめだつという[28]。脊梁山脈の西麓と東麓のあいだの交流の網の目は，三陸沿岸まで拡がっているのだ（図4）。だからといって，庄内盆地を起点として，中沢目・沼津を経由し，田柄を終点とする「頁岩ロード」があった，などと考えるのはバカげている。これらの遺跡から出ている頁岩が，すべておなじ産地のものかどうか，わからない。だから中沢目の住民と田柄の住民が，おなじところから頁岩の供給を受けていたのかどうか，いまのところ判断できない。彼らがべつべつの地域の住民と石器の原料を供給する契約を結んでいる，ということも考えられぬことではない。

それはともかく，後・晩期の北上川下流域では，石鏃・石匙の材料には，頁岩を使うというならわしが広まっていた。中沢目・沼津・田柄などの住民は，このならわしに従っていた。小林が「様式圏」の成立する事情として指摘する「社会的な合意」・「集団の伝統」・「伝統を共有する集団のまとまり」[2]が成立していたわけである。この地域は，小林によれば核領域Ⅱc-2の一部にあたる（図5）。小林が考えるように，ひとつの＜核領域＞が「社会的な合意」・「集団の伝統」を共有する人々の「クニ」ならば，＜核領域＞Ⅱc-2つま

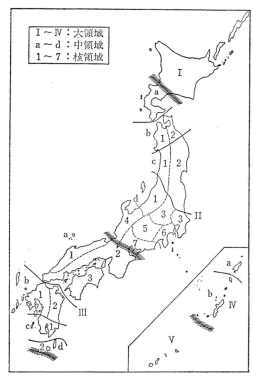

図5　縄文時代における＜領域＞（註2による）

り南は茨城・千葉県境，北は青森・岩手県境，西は脊梁山脈の分水嶺の範囲の住民は，すべて頁岩製の石鏃・石匙を作り・使うという「社会的な合意」・「集団の伝統」に従っているはずである。

ところが，アマノジャクはいつでもいるらしい。頁岩の石鏃・石匙がまったく出ないか，出てもごくわずか，という遺跡がある。中沢目貝塚の東北東23kmのところにある貝鳥貝塚，ここでは石鏃はすべて珪質粘板岩で，頁岩製のものは一例もない。頁岩の石匙はあるにはあるが，比率は10％にみたず，やはり珪質粘板岩が多い[29]。貝鳥貝塚の住民は，北上川の対岸，北上山地の住民から石材の供給を受けていたか，あるいはみずから脚をはこんで石鏃・石匙の原料を手に入れていたのだろう。里浜の住民も，手近にある松島凝灰岩のなかの珪化凝灰岩・玉髄・碧玉などを苦労して集め，石器の原料にしている[30]。ただし，少量ではあるが，脊梁山脈の付近でとれる黒曜石もあることは無視できない（図4）。

土器型式の場合とおなじく，ひとつの＜核領域＞のなかに，かなり強い個性を持った集団が取りこまれているのだ。これらの集団は，ただのツムジマガリ・分派集団なのだろうか。おそらく，

これまで北上川中流域・下流域でやってきたような作業を，ほかの地域でも繰返してみれば，やはりおなじような結果になるにちがいない。つまり，小林は「クニ」というコトバに引きずられて，〈核領域〉の範囲を広げすぎてしまったのだ。縄紋人のクニ，それはひとつの盆地・水系・内湾，あるいはそれらの一部——つまりいくつかの「核領域」をあわせたものなのだ。これまで説明してきた事実からは，それ以外の結論はでてこない。

註

1) 林「縄紋時代史 (14)」pp. 94-95 (『季刊考古学』40：89-96，1992)

2) 小林達雄「縄文時代領域論」p. 12 (国学院大学文学部史学科編『坂本太郎博士頌寿記念　日本史学論集』1-19，吉川弘文館，1982)

3) たとえば横山浩一「様式論」p. 56 (横山浩一・近藤義郎編『岩波講座　日本考古学』1：43-78，岩波書店，1985)，佐原　眞「総論」p. 9 (金関　恕・佐原　眞編『弥生文化の研究』3：5-10，雄山閣出版，1986)

4) Willey, G. R.,Rhillips, P. *Method and Cheory in American Archaeology.* p. 37, Univ. of Chicago Press, Chicago and London, 1965

5) 小林・前出 pp. 21-22

6) 林「縄文期の集団領域」(『考古学研究』80：12-19，1974)

7) 小林・前出 pp. 4-5

8) 同上・pp. 11-12

9) 同上・pp. 25-26

10) 同上・pp. 22-26

11) 小林「総論」p. 5 (加藤晋平・小林達雄・藤本　強編『縄文文化の研究』3：3-15，雄山閣出版，1982)

12) 法則的・総合的の区別については論理哲学の入門書 (たとえば H. ライヘンバッハ，石本新訳『記号論理学の基礎』pp. 29-35，大修館書店，1982) を参照されたい。

13) 小林「縄文時代領域論」p. 25

14) 佐藤広史「型式の空間分布から観た土器型式」(『片倉信光氏追悼論文集』4-22．白石・赤い本同人会，1985)

15) 一個の粗製深鉢がハレの器なのか，ケの器なのか，よほど特別な条件にめぐまれぬかぎり，判断しにくい。ここでは大多数はケの器だろうという程度の意味である。

16) 佐藤：前出 p. 18

17) 司東真雄・菊池啓治郎・沼山源喜治『北上市史』原始・古代，北上市，1968)

18) 草間俊一『水沢市の原始・古代遺跡』(水沢市教育委員会，1969)

19) 小林・前出 pp. 4-5

20) 林「縄紋時代史 (11)」pp. 95-96 (『季刊考古学』37：90-97，1991)

21) 須藤　隆編『中沢目貝塚』pp. 101-102，126，129 (東北大学考古学研究会，1984)，須藤　隆・富岡直人「縄文時代生業の論点と課題」pp. 136-39 (鈴木公雄編『争点 日本の歴史』124-40，新人物往来社，1990)

22) 酒詰仲男『日本縄文石器時代資料総説』pp. 213，226-28 (土曜会，1960)

23) 林「縄紋時代史 (8)」p. 98 (『季刊考古学』34：91-99，1991)

24) 小笠原好彦ほか「林報告に対するコメント」p. 23 (『考古学研究』81：15-23，1974)

25) 林「縄文期の集落と領域」p. 117 (横山浩一・佐原　眞・戸沢充則編『日本考古学を学ぶ』3：102-19，有斐閣，1979)

26) 小林・前出 pp. 22-26

27) 須藤編『中沢目貝塚』pp. 80，199-218

28) 蟹沢聡史「田柄貝塚から出土した石器類の材質について」p. 319 (茂木好光編『田柄貝塚』2：309-20，宮城県教育委員会，1986)

29) 草間俊一・金子浩昌編『貝鳥貝塚』pp. 315-21 (花泉町教育委員会，1975)

30) 岡村道雄・笠原信男編『里浜貝塚Ⅳ』p. 61 (宮城県教育委員会，1984)

書評

斎藤 忠著
日本考古学用語辞典

学生社
B5判 568頁
28,000円 1992年5月刊

1950年代から60年代にかけて考古学の勉強をはじめた者にとって，指針とされた著作は浜田耕作『通論考古学』(全国書房版，1947年8月)，斎藤忠『考古学の研究法』(吉川弘文館，1950年11月)および1955～56年に刊行された『日本考古学講座』(河出書房，全7冊)であったといえるであろう。

当時の日本考古学界は，登呂遺跡の発掘について，岩宿遺跡の発見，平出遺跡の発掘などの情報があいついで新聞紙上を賑わし，関心をもつ人達をときめかしていた。その頃，新聞にラジオに，そして雑誌などマスコミに登場する考古学の用語についての手引きとして編集されたのが酒詰仲男・篠遠喜彦・平井尚志『考古学辞典』(改造社，1951年4月)であった。

考古学の研究者を主対象として執筆された上記の著作と講座は，必ずしも江湖の欲求を充足させるものではなかったが，『考古学辞典』とともに『考古学の研究法』の附録として収録された「考古学関係主要用語略解」は，研究者をはじめマスコミ関係者などにも広く活用されたのである。それは，きわめて便益有用にして簡潔な用語解説であったからにほかならない。

この度，40数年以前に「考古学関係主要用語略解」を執筆された斎藤博士により浩瀚な『日本考古学用語辞典』が単独執筆によって完成した。さきの『日本考古学史辞典』(東京堂出版，1984年9月)とももと斎藤博士ならではの著作であり，考古学界をはじめ考古学に関心を寄せる多くの人びとによって歓迎されている。

日本の考古学界には周知のように4種類の辞(事)典がいまに活用されており，それぞれの需要も決して少なくないと伝聞している。一方，日本考古学の新たな辞典・用語集の編集企画も進んでいるが，これらの辞典・用語集はすべて多人数による共同執筆であり，考古学を含む歴史関係の辞典類も同様な傾向にある。監修・編集ならいざ知らず，1人の学者が単独で項目を選定しそれを自ら執筆するがごときは通常とても考えられないが，博士は「一人でこつこつととりくむこと」にその方法を見出し完成させるにいたったのである。

日本考古学の用語の成立にはいくつかの背景がある。それには(1)奈良時代以降ごく近年にいたるまで"旧考古学"の時代に造語され慣用されてきたもの，(2)"新考古学"の勃興による明治時代以降，昭和時代にかけて造語され使用されてきたもの，(3)西欧考古学の用語の訳として使用されるようになったもの，(4)現在，陸続と造語され一部の研究者間に使用されているもの，の4種がほぼ含まれている。とくに(4)についてはまだ学界の市民権を得ていないものも多く，日本考古学の用語整理に支障をきたすものもある。

このような用語類を独力で整理し，それを取捨選択する作業には，識見と根気と時間が不可欠である。この3つを具備していることが用語の選択と執筆に必須の条件であろう。

斎藤博士は，このようなお仕事を日常的な研究活動のほかにこなされたのであるから，ただ驚異の一言につきる。

さて，本辞典の収録用語は4,500余。その多くには(1)一般的な解説，(2)それの起源・沿革の典拠，(3)参考文献の3項目が記述され，とくに引用文献には原文が収められていることは著者の後学に対する配慮を察することができる。巻末には「遺跡・遺物(名称)一覧」「テーマ別索引」「項目索引」が付せられ，さらに主要な用語には英訳が併記されている。

考古学の名称として「環境考古学」「地震考古学」，基本として「記録保存」「現地説明会」，発掘と研究として「鋼矢板」「蛍光X線分析」「脂肪酸分析法」「AT降灰」など，ごく最近に用いられはじめた用語も豊富に収録されている。一方，各種の土器型式名をはじめ，現在，われわれが日頃，報告書などで顔馴じみの用語は勿論のこと，学史上の土器名，さらには埋蔵文化財の用語についても収められている。とくに，学史・有職故実に深い造詣を有する博士ならではの用語も随所にみることができる。

斎藤博士の著作には，つねに参考文献と索引が豊富詳細にみられるが，本辞典にもそれが充分に盛られている。辞典としての活用には索引の完備が重要であるが，本辞典にはそれがよく果たされているというべきであろう。

日本考古学の用語問題は，それの統一問題を含めて古くて新しい問題であり，さらに将来に向けての大きな課題ともなっている。考古学の専門書・啓蒙書・報告書の刊行が盛行している現在，かかる用語集の刊行は，まことに必要なことであった。本辞典の刊行は，まさにその渇をいやしたのである。

斎藤博士の永年にわたるご努力に対し衷心より敬意を表するのは決して私のみではないであろう。

(坂詰秀一)

書評

土偶とその情報
国立歴史民俗博物館研究報告第37集

第一法規
B5判　490頁
7,000円　1992年3月刊

　平成4年3月，国立歴史民俗博物館から土偶をめぐる長期共同研究の成果が同館研究報告第37集をあて『土偶とその情報』と題して刊行された。総頁数490頁に及ぶ大冊である。内容は総論として同館の八重樫純樹，国学院大学の小林達雄の両氏により「土偶資料を例とした資料情報化研究(1)―コンセプトと研究経緯・その課題―」，および常磐女子高等学校の磯前順一氏の「関西以西の屈折像土偶―地域性への覚書―」を載せる。つづいて「全国の土偶」として，北海道に始まり香川県に至る20都道府県，加えて北陸，九州両地域内土偶をそれぞれ詳論し，最後に「時期別土偶出土数データの集成（第1版）」を載せるといった体裁をとっている。

　まず，本書の成るにあたっては，国立大学共同利用機関として考古学，歴史学，民俗学，博物館学など歴史系研究資料の情報化と情報処理の方法論の共同研究の1サブテーマとして「土偶データベース」の研究活動が認められたこと，ついで昭和62年から平成元年に至る間，文部省科学研究費試験研究(1)補助金の交付があり，全国の関係考古学研究者の協力を得て研究作業が進展したことを述べ，なお現在，事業が発展的に進展中であり，本書に続く研究報告の刊行が予定されていることも記されている。

　この調査研究の場合は，土偶が資料情報として把らえ易く密度のあるデータの収集が可能，その上その発見点数は1万点前後でコンピュータの操作容量，能力に適切なデータ量であることから「土偶」を撰び，江坂輝彌氏以来基礎情報の不足している現実をカバーし，資料情報のデータ形成化を如何に進めるべきかを併せ問うこととなった。結果，実証試験研究活動として「土偶とその情報」研究会を組織，36名の土偶データ収集研究協力者を得て計6回の研究会が開催された。第1・2・3回は東北，北陸，中部，関東地方出土土偶資料を中心に，第4回は土偶の地域性，第5回は土偶研究視点とデータ，第6回は土偶のあり方をめぐって検討されている。従前，土偶研究は個々に個々の目的で検討してきただけに多数の研究者の集う研究会方式は嘱目すべき在り方であり，テーマの捉え方と相俟って将来に展望をひらく結果となった。

　本研究報告書には，研究会での個々の地域に即した発表内容を収載するとともに，土偶の時期別出土数基礎資料と，この資料を地図処理システムによって図化した県別，時期別出土数マップを掲載している。まず，後者の論文では，この時点で発見されている土偶総数が10,683点，最大は岩手県の2,182点，最少は島根県の0点，福井・三重県以西では奈良・大阪・福岡・熊本の4県を除く19県の土偶数が64点に過ぎず，以東の地に偏ることが確かめられた。この時期別県別出土数のマップは将来，出土遺跡数マップ，各県全遺跡中に占める土偶出土遺跡の占有率マップ，あるいは出土数別遺跡数マップなど種々のマッピングが進めば極めて重要な事実，現象を抽き出すことになるであろう。確実なマッピングのためにも基礎資料の継続的な収集が望まれる。

　一方，各地域担当研究者の資料報告，検討成果の報告には個性が活き活きと表現されている。種々の視点が新たに拓かれ，また過去からの論議がなお火花を散らし，極めて有意義である。個々の論議は，担当した地域内の資料で論議されており，集成されていく全国的なデータを見ながらの論議はほとんどない。しかし，自分の土俵の中で相撲をとる形での論議も本冊のようにその個々の見解が集成されると，やがてそうした種々の見解のコンピュータ化，マッピング化が可能といった予感を抱かせる。たとえば，静岡県東部の土偶はその地域で作られた可能性は少ないと指摘され，茨城・栃木など各地で搬入土偶の存在が指摘されている。土偶調査カードに胎土の一項を用意すれば興味ぶかい視座が拓けるであろう。岩手の九年橋・立石・蒔内，千葉の西広遺跡などの土偶群も胎土分析が望ましい。山梨や東京では土偶の地域的な分布の偏よりが強調され，茨城では土偶のタイプによる分布の偏よりが指摘されている。集落をめぐっては拠点的集落に土偶を欠く例として長野・阿久遺跡が挙げられ，各地で土偶を欠くか乏しい拠点的集落が指摘されるなど，分布論とともに集落と土偶祭式の関係が強く問われている。

　土偶自体の検討も，まず形態分類，変遷観が各地域ごとに示され，考古学の本領でもあるだけに安定した情報を発信している。土偶の損壊部位は岩手の報告に詳しく，意識的な損壊か否かをめぐっても多くの地域が発言している。群馬では出土状況を通じて呪術社会の構造を復原する方法は呪術遺物の一括廃棄論を前提にした総合的分析であらねばならぬといった所説が提示されている。そのためにも，本書のように，あるいはより検討記入項目を加えた形での，詳細多様な基礎資料の集積とその情報化が強く要請されるのである。

（水野正好）

書評

加藤稔先生還暦記念会 編
東北文化論のための先史学歴史学論集
今野印刷（仙台市）
B5判　1007頁
18,000円　1992年5月刊

　数週間前のある夜，加藤稔先生から電話が入った。のっけから話がかみあわない。それもそのはず，同姓の別人とダイアルを間違われたのだった。その日からややあって，先生からわざわざその件を詫びる手紙を頂戴した。そんな間違いなど，しょっちゅうあることなのに，若輩の私にわざわざ——，彼の人柄である。

　高齢化の著しい日本の昨今，還暦など全く珍しくはないし，したがってそれほどめでたいことでもない。実際，私のよく知る所が発行している雑誌では，特定研究者の還暦・喜寿・退官など年の節目での記念論集はみあわせようという，暗黙の取り決めが出来ているくらいである。そんな中，加藤稔先生の還暦記念論文集が発刊された。

　岩宿遺跡の発見以後，旧石器時代に相当する遺跡が全国に広がって，ものすごい勢いで探求された。そのラッシュが一段落をみた1970年頃までの，東北地方のこの時期の遺跡分布は，おもしろかった。東北中部の日本海側にごしゃごしゃっとかたまっているのである。山形に加藤あり，当時30代前後だった彼の業績である。石器にあまり関心を持たれない人でも，おそらく耳にしたことがあるであろう，山形の金谷原・東山・越中山……等々の数多くの遺跡の調査研究を精力的に推進した結果だった。若手の石器研究者の間には「山形詣」という言葉もあるほどである。その間，加藤稔先生に様々な形で，お世話頂いた後輩・後進は私を含め，かなりの数になるであろう。彼の還暦に何もしないではいられない人々がいかに多かったかを，この論文集は示している。

　さて，私がここで紹介すべきは，加藤稔先生の学問業績や人徳ではなく，この論文集である。これは，電話帳クラスの遺跡報告書のボリュームに慣れて久しい我々の目にも，驚異的な量と内容である。本書に収められている論文数は38，執筆者は41名に上る。それらの内容は，先生の主たる調査・研究歴をそのまま反映して，旧石器関連の論文と東北先史時代関係のものが，約半数を占める。その他の分野としては，先生の守備範囲の広さや，真摯な研究態度と人柄とによって培った人間関係の豊かさを示すかのように，古代史から民俗学・古生物学までにも及ぶ。ここにすべての論文を紹介する余地はもちろんないので，その核を成している旧石器関連の論考を中心にして，主な内容について以下に簡単にふれる。分野別にみるとやはり加藤先生のフィールド，東北の遺跡・遺物を主に扱ったものが多く，9編ほども収められている。なかでも，石刃技法や剝片剝離技法に関する長大かつ詳細な力作数編が目立っている。また資料集成という点では山形やその他の所に遅れをとっていた感のあった福島県の最新成果に基づく比較分析やテフロクロノロジーによる編年の議論も複数収められ，東北におけるこの時期の研究が，空間的にも分析レヴェルの点でも拡大，深化されてきていることを感じさせる。

　先生の初期の調査になる金谷原遺跡の全点資料を扱ってその再検討を行なった論考や，東北地方における細石器文化が初めて明らかにされた角二山遺跡出土の資料の検討結果，さらには弓張平遺跡の有舌尖頭器の再検討によって形の変化と型式を考察したものが本書に改めて公表されているのも意義深い。

　東北のみに限定されないより広範な資料やテーマが扱われている論文も多く収められている。たとえば，石器の個体別資料から当時の「交換と分配」を論じたもの，九州・岐阜・山形（越中山）とにまたがってその名に相応しい翼状剝片を生み出す瀬戸内技法の比較論，「へら形石器」を旧石器時代時期区分の示準として見る議論，茂呂系ナイフ形石器の型式論，尖頭器とその他の石器群との関連を考察したもの，旧石器時代から縄文時代初期にかけての石斧の変遷論等々，新鮮な議論や意欲的な考察も繰り広げられている。

　また，遠く離れては，フランス・パンスヴァン遺跡のルロワ＝グーランの世界的な仕事とその後継者によるその後の研究の平明な紹介，及びパレオインディアン遺跡出土の石器使用痕分析に基づく遺跡構造論的分析は，石製品以外の遺物が甚だ乏しいわが国の石器文化研究に資するところが極めて大きいものである。

　こうした旧石器関連の論文以外にも，中国新石器文化・縄文・弥生・古墳時代以降に関する精力的な論考が十数編も揃い，さらには地形環境・ナウマン象・人骨を論じたものと，まさに第四紀学的な枠組みの中での，多彩な論集となっている。タイトルの「東北文化論のための」枠を超えたところでも，新しい議論を呼び，多くの分野の研究上引き合いに出される論集となるであろう。

（阿部祥人）

書評

中村 浩著
須恵器窯跡の
分布と変遷
考古学選書 36
雄山閣出版
A5判 238頁
3,200円 1992年5月刊

著者の中村浩氏は長年陶邑窯跡群の発掘調査に従事し、その調査報告はもとより、陶邑に関する多数の論文を発表してこられた。また、福岡県、兵庫県でも窯跡の調査を行なっておられ、そのフィールドを全国に広げるのはもちろん、韓国の窯跡の研究にも意欲を燃やしておられる。まさに現在の須恵器研究の第一人者といっても過言ではないであろう。

本書は著者が今まで発表してきた須恵器の窯跡に関する比較的新しい論稿を一部書き改めたものと、新たに書き下ろした論稿とをあわせて一書としたものである。

本書の内容を順を追って紹介しよう。

まず第一章「須恵器窯跡の研究史（抄）」は須恵器の窯跡だけに焦点を絞り、大正時代から現在までの研究史を3段階に分けて概述しておられる。「抄」とあるように、大筋を示したものであり、詳細については将来の別稿に期待したい。

第二章「須恵器窯跡の分布」では、和泉陶邑地域、播磨加古川流域、筑前牛頸窯跡群を例にとり、窯跡の空間的分布・時期別分布などについて検討している。いずれも著者が調査に携わったものであり、その自然環境の観察・体験に基づいての議論となっている。

まず陶邑における窯跡の空間的・時間的分布を巨視的に検討する。次いで陶邑の一部である栂丘陵での窯跡の分布を集落や古墳の分布も含めて検討し、同丘陵では工人集団が3群に分かれる可能性を指摘している。

播磨加古川流域の窯跡群は、近畿地方でも奈良・平安時代に盛行した窯跡群である。瓦陶兼業窯もあり、焼かれた瓦が平安京内の寺院に運ばれていたことが寺院跡の調査でわかっており、生産と消費の問題を考える上で重要な遺跡である。

筑前牛頸窯跡群は古墳時代から平安時代に及ぶ窯跡群である。風化の著しい花崗岩質の地山をもつ丘陵に立地するこの窯跡群の特徴として、小型の窯が多く集中している、地下式構造の窯である、丘陵の中腹以上の急斜面に立地する、煙道部上方に溝を伴っている窯が多いなど、他地域とは異なる様相が述べられている。

この問題について、東日本の窯跡についてはまったくふれられていない。調査経験がないためかもしれないが、残念である。

第三章「須恵器窯跡の構造と変遷」では、まず須恵器窯の構造の特徴を土器焼成坑、陶器窯、磁器窯との比較で述べる。次に須恵器窯の構造の変遷を、初期須恵器の段階から平安時代まで、陶邑を中心に各地の窯跡での調査例を基に述べている。

さて、評者にとって一番興味深かったのは、第四章「関連遺跡・遺構の調査」である。窯跡に関連する遺構・遺跡として、粘土採掘坑、工人集落・工房遺跡、埋葬遺跡、流通遺跡をとりあげ、最近の調査成果を紹介している。粘土採掘坑は最近各地で見つかってきているが、評者には規模が小さいという印象がある。流通遺跡とはあまり聞きなれない言葉だが、商品としての須恵器を集荷・選別・保管・出荷していたと考えられる遺跡である。

窯跡とこれらの遺構がセットで出てくる遺跡も見つかってきているようである。陶邑地域では窯の調査ばかりが目につくが、工人集落・墳墓群・流通遺跡なども発見されてきている。そのようななかで、著者は陶邑における生産集団の実態の復原を試みている。そのなかで、窯の床の重複状況における間層の存在から、I型式段階では間層が存在しないので須恵器工人は農業に従事する余裕はなく、食料自給体制にはないと考えた。II型式段階以後は間層が存在し、農業に従事する時間があったと解釈し、食料自給体制になったという。そうであればその変化の原因が問題になる。そういった問題を解決するためにも、窯跡・集落・耕作地・墓地・流通遺跡・消費地などを視野にいれた論議が必要とされるのである。まだまだ資料不足ではあるが、各地の窯跡においても総合的検討を積極的に行なうべきであろう。

最後に「全国の須恵器窯跡（抄）」が付されている。全国各地に所在している窯跡のうち、代表的なものについてその概要が手際よくまとめられており、大変便利である。なお、窯跡の固有名詞にはたとえ簡単なものでもルビをふっていただきたいと思う。

本書を一読してわかるように、著者の関心は決して編年や単なる分布論だけにあるのではなく、主眼は須恵器を通して見た政治社会史の解明である。ついつい編年という問題に終始しがちな時に、もっと大きな視野で考えるべきことを主張する本書は、まさに著者の面目躍如というところであろう。一読を薦めるゆえんである。著者は現在でも発掘現場で先頭に立って調査を指揮しておられる。健康に留意されて、氏の須恵器研究の集大成が一日も早く完成することを祈りたい。

（望月幹夫）

論文展望

選定委員（五十音順・敬称略）
石野博信
岩崎卓也
坂詰秀一
永峯光一

岩崎泰一

後期旧石器時代に於ける集落・集団研究の現状認識

群馬県埋蔵文化財事業団研究紀要 9
p. 1〜p. 22

この時代の集落・集団研究は，初期の理論的検討の段階からより具体的な分析へ推移して現在に至る。分析は接合資料や母岩分析を徹底的に行なう砂川の分析が主流で，製作者の癖や世帯分裂の指摘まで分析は詳細を極めている。一方，最近では別の視点から分析を行なう必要も説かれ，砂川的分析に偏重する姿勢を危惧する声も強い。すでに呈示を見た二，三の具体的分析には頷ける部分も多々ある。当該社会の研究は確実に次の段階へ展開されつつある。

本稿では，母岩分析を主な分析手段に据える砂川的な分析を移動前後の状況を暗示する，縦の関係解明に有効な方法と把える一方で，集団の集住や継続的な居住，地域の集団相互の関係＝横の関係抽出は難しい，と考えた。最近，とくに多い地域の石材事情を問う分析も地域相互の比較を試みる場合には有効だが，個別地域に立ち戻り集団の関係解明を試みる場合には，ある意味では地域の特性が地域に埋没するため特徴の抽出が難しいのである。

また，本稿では係る認識の下に原産地遺跡群を例に分析を試みたわけだが，群馬県に限れば，原石の豊富な地域でも石刃の集中剥離のみには限定されない，一般の消費遺跡と同様な様相を呈すること，主体を占めるよう見える石刃も部分的・局所的に集中するのであり，遺跡の構造的な分析を踏まえつつ評価していくべきこと，A

T降下以前の県内遺跡に限れば東北系頁岩は完成状態（ナイフや石刃など）で遺存すること，を指摘した。このほかAT降下前後の遺跡分布や石材構成の差が石材入手形態の変化を暗示すること，搬入石材の遺跡偏差が拠点的集落の抽出に繋がること，を示唆した。

理論的仮説の呈示は多分に議論を呼び，結果的に研究は深化する。具体的な作業は今後の課題だが，社会構造の変質把握を念頭に方法的な検討が模索されねばならないのである。　　　（岩崎泰一）

西田泰民

縄 文 土 瓶

古代学研究所紀要 2
p. 1〜p. 33

縄文時代後期の特徴の一つとして器種セット中に注口土器が含まれるようになることが挙げられる。晩期の急須形に対し，後期前半期のそれは土瓶形を呈する。中谷治宇二郎以来あまり研究の進展を見なかったが，最近その起源について論じた池谷信之氏はこれらを「綱取・堀之内型」と「在地系」と呼んだが，関東地方中心の考え方は極めて広い分布を見せるこの土器の理解に有意義ではないと思われる。土器セットの内の一つを取り上げて論じることはあまり望ましくないが，土器が市場で取り引きされていた可能性を考える立場からは広域の分布を見せるこの土器は魅力的である。

本稿では，まず堀之内期初頭から加曾利B1式までの注口土器の大まかな変遷を追った。注口部とその反対側に対の把手が付けられるのが該期の注口土器の原則である。主として変化の指標としたのは把手の形態と器形である。

これまでの研究であまり注意されていないことは，出土量の地域差であり関東西南部と常総方面の差は甚だしい。また関東以外の地域を見ると，東北北部では後期中葉まで注口土器が稀であった様子であるのに対し，西日本では後期前半にすでに独自の注口土器が成立し，関東系の土器として加曾利B1式のうち注口土器のみが出土することが少なくないなど，この器種への関心が高かったとみられる。さらに後期中葉には西日本型の大型注口土器が関東地方へ影響を与えるようになった。

注口土器の文様は独自のものがあるほか，他の器種との結びつきも見られ，その関係の変化の意味が土器論として追究されるべき課題であろう。

用途論に関しては従来酒器説が安易に唱えられていることに疑義を感じている。アルコール類に限らない儀礼用飲料の事例研究が必要である。また今後自然科学的分析法としては熱履歴分析を応用したいと考えている。（西田泰民）

小宮山 隆

中部高地縄文時代後晩期の遺跡立地について

筑波大学先史学・考古学研究 3
p. 81〜p. 108

縄文時代の後晩期に東日本の各地で遺跡数が減少するが，とくに中部地方東半でこの傾向が著しく，社会や生業などに大きな変動があったと予想されることが多い。しかし，社会や生業上の変動といっても扱い得る資料の検討から導かれた結論ではなく，変動が予想されるのみでその実体に迫り得る研究方向が見いだされている訳でもない。確かに遺跡は減少す

るが，それに伴う様々な変化を多角的に検討することによってしか実体に迫る道はなく，いたずらに変動の要因を予想して足踏みしていてはならない。そこでまずこの時期の遺跡立地を分析して以下の点を把握した。

　1）遺跡が標高差数百mの範囲にわたって分布している八ヶ岳山麓や千曲川流域などにおいても後晩期と中期の遺跡分布にほとんど変化が見られない。したがって気候の冷涼化による低地（暖地）への移住といった解釈はこれを見る限り成立し難いと考える。

　2）しかしこの時期に遺跡立地の微地形には変化がみられる。水辺が予想される窪地や湿地・河川，あるいはそれらに接した斜面に，後晩期の大規模な遺跡が多く立地し，中期遺跡の多くが台地や尾根上の乾いた平坦面に立地することと対照的である。遺跡数の最も落ち込む後期末を中心とした時期に，遺跡の保存や発見に不利と思える窪地や斜面に高率で遺跡が立地しており，後晩期の遺跡数減少の一要素として考慮しなければならない。この傾向の要因はここで明らかにできないが，水辺や窪地の近くに集落を構えることの中に，理解の鍵があると考えた。

　以上，少なくとも「後晩期の遺跡減少」は単純に要因が予想できるような性質のテーマではないことを認識することができた。これを出発点に生業や社会などに関わる考古資料の分析を進め，縄文社会の「変動」に関する研究の可能性を探りたい。　　（小宮山隆）

村上恭通

中九州における弥生時代鉄器の地域性

考古学雑誌　77巻3号
p. 63～p. 88

阿蘇山西麓の肥後・白川流域から東麓の豊後・大野川流域にかけての地域では，弥生時代後期後半を中心とする大規模な集落址が数

多く発掘され，大量の鉄器が検出されている。主な器種は鏃，鉇，斧，刀子，鋤（鍬）先，摘鎌，鎌であるが，各遺跡の出土点数も比較的安定しており，遺跡毎の組成や器種毎の形態を比較することも可能である。このような資料に基づいて，対象地域における鉄・鉄器の生産・流通問題，鉄器と石器の共存の在り方にみられる地域性の問題などについて検討した。

　まず鉄器の生産・流通については，製品の遺跡差や鍛冶遺構の存在から，独自に鉄器を生産する集落が点在し，製品の流通範囲も比較的狭いことを示した。また，対象地域における利器の鉄器化の度合い，鉄器の豊富な出土や地域全体に共有される組成上の特色は地域の生業に根ざした鉄器生産の反映であり，これには自給自足的な鉄生産（製錬）が背景としてあったと考えるにいたった。

　次に鉄器のみでなく，共伴する石器をも含めて利器全体を評価すると，上述の2つの流通間では若干の差異が存在し，とくに生業具（狩猟具・穂摘具）のなかに現われている。さらに広い視点に立つと，同様の差異は中九州と北部九州という両者間にも窺うことができる。つまり当該期の中九州では爆発的に鉄器が増加するが，これは前段階以来の石器生産体制が北部九州に比べ脆弱であったために，新しい利器である鉄器が石器を駆逐する様相が異なっていたことに起因すると思われる。鉄器の普及の在り方はそれ以前の石器生産や，ひいては食糧生産基盤の相異とも関連することを示唆した。今後，資料の増加を待って，各地域に根ざした鉄・鉄器の問題を検討する必要があろう。（村上恭通）

山中　章

古代条坊制論

考古学研究　38巻4号
p. 17～p. 72

日本の古代都城を規制する条坊

制は，『延喜式』に示された平安京型と，発掘調査により確認された平城京型の二つの方法によるとされてきた。しかし，国土座標値による条坊遺構の検討結果は，既存の条坊制では説明しきれない都城の存在を明示し，平城京型そのものの訂正をも余儀なくさせた。

　「藤原京」には条坊道路の造営方位に2つ以上のグループがある。右京の南北条坊および北半部の東西条坊群と左京の南北条坊および南半部の東西条坊群などである。前者は天武朝に計画された新城，後者は持統朝に追加された新益京の条坊の反映と解釈した。「藤原京」の条坊が平城京型では説明しきれなかった理由がここにある。

　平城京の条坊制は，予め設定された計画線を軸とし，両側に等分に道路面を割り，残りを宅地とするものであった。ところが実際には，小路は計画線の一方に路面を割る方法を取った。このため宅地の面積は一定せず，京内全域に不均等な宅地群が形成された。奈良時代後半にみられる小規模宅地の表示に，実測面積ではなく，何分の一というおよその規模を示さざるを得なかったのも，平城京型条坊制そのものに起因している。

　長岡京の条坊制は，宮城南面街区，宮城東（西）面街区，左・右京街区で成立している。各街区毎の宅地の規模は一定しており，とくに左・右京街区は平安京と同じである。この結果，長岡京で初めて宅地の実測面積による細分化が可能となり，戸主制が成立する。宮城に面する3街区は官衙特別地域として認識され，以外の地域との機能差を構造的に持たせた。ところが平安京では，長岡京型条坊制の内，左・右京街区の設計方式のみが全域に取り入れられた。その結果，律令国家支配の中枢たる宮城およびその周辺街区の機能は弱まり，必然的に京城の宅地の重要度が高まる。平安京は設計段階にすでに中世都市への変貌の要因を内包していたのである。（山中　章）

●報告書・会誌・単行本新刊一覧●

編集部編

◆静川37遺跡　苫小牧市埋蔵文化財調査センター刊　1991年3月　A4判　146頁

　苫小牧市内の静川台地西端に位置する縄文時代前期から続縄文時代にかけての遺跡で，遺構は縄文時代中期後葉から後期初頭の住居跡10軒，土坑23基，焼土跡43基，Tピット1基，集石7基がある。6基の焼土跡からは，エゾシカと思われる焼骨片が検出されている。土器・石器・装飾品などの遺物約4万点が出土しており，特殊なものとしては，縄文時代中期後葉の棒石器，続縄文時代のガラス玉などがある。

◆上の山遺跡―港北ニュータウン地域内埋蔵文化財調査報告 XII　横浜市埋蔵文化財センター刊　1992年3月　B5判　291頁

　横浜市緑区の早淵川南岸地区の港北ニュータウン南東部に位置する。台地斜面をL字状に削平した6.5×5.5mほどの3カ所の平場を造成して形成された46基の墳墓が主体である。出土遺物は板碑・五輪塔などで，紀年銘より14～15世紀の造営年代が考えられる。また径15mほどの6世紀頃の古墳と奈良～中世の住居跡，道路跡などが調査されている。

◆有岡城跡・伊丹郷町II　伊丹市教育委員会・大手前女子大学史学研究所刊　1992年3月　A4判　238頁

　堀と土塁とで囲まれた「惣構え」をなす城として著名な有岡城跡と，その城下町である伊丹郷町遺跡の報告である。16世紀中頃の伊丹城期には，遺構・遺物ともに稀薄であるが，16世紀後半の有岡城期の主郭をとり巻く内堀が明らかにされ，現在に残る町割り，屋敷地が確認された。ここから輸入陶磁器が多く出土している。また，18世紀後半から19世紀前半の伊丹郷町

期には，町屋と酒蔵と考えられる建物が確認されている。

◆長法寺南原古墳の研究　大阪大学南原古墳調査団刊　1992年3月　B5判　194頁

　京都府南原南部の乙訓地域に所在する長法寺南原古墳は，昭和初期から6次にわたり調査されたが，本書はその総括的報告である。古墳は4世紀後葉に築造された全長62mの前方後方墳で，主体部は後方部の竪穴式石室，前方部の小竪穴式石室を埋葬施設としている。出土遺物は三角縁神獣鏡4面，長宜子孫内行花文鏡，青蓋作盤龍鏡，銅鏃，鉄製農工具，石臼，石杵など多数が確認されている。考察編には，近畿地方の小竪穴式石室，銅鏃の終焉，葬送儀礼における朱と石臼などを載せる。

◆寺口千塚古墳群　奈良県立橿原考古学研究所刊　1992年3月　B5判　371頁

　奈良県南西部，葛城山東麓に位置する6世紀前半から7世紀前半に築造された古墳群で，分布調査により総数171基が明確となった。このうちの平石川地区の径10m前後の円墳17基の調査報告である。古墳は横穴式石室を主体部とするものであり，なかでも円墳に5基の横穴式・竪穴式石室を持つ古墳2基の存在が注目される。立地・規模・遺物から渡来系集団の古墳群と推定されている。また付論として竪穴系横口式石室，胡籙金具の考察を掲載する。

◆鳥取県教育文化財団調査報告書29　東桂見遺跡・布勢鶴指奥墳墓群　鳥取県教育文化財刊　1992年3月　B5判　456頁

　東桂見遺跡は鳥取市桂見に所在し，湖山池南東部の放射状に広がる独立丘陵内の谷底平野に位置している。遺構は古墳時代以前の溝2条，古墳時代の溝5条，杭列5

条，中世の溝2条が検出されている。また，プラント・オパール分析により水田6面の存在が明らかになった。遺物は土器，土製品，石製品，木製品，古銭が出土しているが，木製品については，C14年代測定が行なわれている。また，布勢鶴指奥墳墓群は東桂見遺跡の東側の標高20～30mの丘陵に位置している。遺構は弥生時代の墳丘墓1基と土壙51基，溝3条，テラス2，道，古墳時代の石棺墓，中世の土葬墓44基，火葬墓31基が調査されている。墳丘墓では，主体部から木棺の形跡を示す赤色顔料を検出している。遺物は弥生式土器，銅鏃，土師質土器，古銭，鉄釘などである。

◆岩手考古学　第4号　岩手考古学会　1992年3月　B5判　98頁
土偶損壊論争関係文献目録
　……………………藤村東男
土鈴集成……………………国生　尚
アテルイをめぐる二，三の問題
　…………………………及川　洵
宿館小論……………………伊藤博幸
『吾妻鏡』にみえる天亡について
　………………………佐々木博康
盛岡城の構造と特質……室野秀文

◆秋田県埋蔵文化財センター研究紀要　第7号　秋田県埋蔵文化財センター　1992年3月　B5判　111頁
本荘市上谷地遺跡について
　………冨樫泰時・児玉　準
竹原窯跡の須恵器編年…利部　修
峰浜村手前谷地尻遺跡出土の遺物について…小林　克・高橋　学
八竜町館の上遺跡出土のナイフ形石器について………小林恵美子

◆福島考古　第33号　福島県考古学会　1992年3月　B5判　117頁
福島県浪江町上の原3号墳の人骨
　………………………鈴木　尚
福島県大玉村相応寺伝来の「大壺」
　………押山美奈子・西山眞理子

103

福島県本宮町関畑遺跡出土の緑釉
　手付瓶……………………鈴木雅文
鍛冶遺構の調査方法……鈴木　功
塩川町南原遺跡の縄文土器
　…………………………………芳賀英一
川俣町後庵館遺跡出土の動物遺存
　体…………高橋圭次・三村征三
福島県耶麻郡塩川町田中舟森古墳
　採集の埴輪…吉田博行・高橋和
岩瀬郡岩瀬村今泉の金銅装箱笈
　…………………………………藤田定興
浄土教図・繡仏等より考察した福
　島県弥陀三尊来迎石塔の諸相
　…………………………………梅宮　茂

◆新潟考古　第3号　新潟県考古
学会　1992年3月　Ｂ5判　84頁
縄文時代の石鏃について
　…………………………………鈴木俊成
春日山城の城域拡大とその時代性
　について（下）…………金子拓男
五泉市薬師堂遺跡旧石器時代資料
　の再検討…………………菅沼　亘

◆茨城県立歴史館報　19　茨城県
立歴史館　1992年3月　Ｂ5判
112頁
常陸における古墳群について（二）
　…………………………………高根信和
常陸の古代山岳寺院……黒澤彰哉

◆筑波大学先史学・考古学研究
第3号　筑波大学歴史・人類学系
1992年3月　Ｂ5判　130頁
中国細石刃文化の展開とその背景
　…………………………………加藤真二
最後の遊動生活…………雨宮瑞生
副葬・供献された石鏃の形態と土
　器型式から見た文化の接触と変
　化…………………………松本建速
中部高地縄文時代後晩期の遺跡立
　地について……………小宮山隆

◆研究紀要　9　群馬県埋蔵文化
財調査事業団　1992年3月　Ｂ5
判　181頁
後期旧石器時代に於ける集落・集
　団研究の現状認識……岩崎泰一
新道系土器群の変容過程
　…………………………………山口逸弘
鏑川流域における集落展開の様相
　…………………………………若林正人
東毛養護学校所蔵の馬形埴輪につ
　いて……………………南雲芳昭
円筒埴輪から見た今井神社古墳の

築造年代……………黒田　晃
竪穴式住居跡の統計的傾向
　…………………………………井川達雄
群馬県における灰釉陶器の様相に
　ついて（1）……………綿貫邦男・
　　神谷佳明・桜岡正信
いわゆる「付礼状木製品」につい
　て……………高島英之・石守　晃
群馬県藤岡市白石大御堂遺跡に於
　ける中世埋葬遺構の検討
　………綿貫鋭次郎・宮崎重雄
　　津金沢吉茂・飯島義雄

◆調査研究報告　第5号　埼玉県
立さきたま資料館　1992年3月
Ｂ5判　62頁
埼玉県稲荷山古墳中堤発見の朝顔
　円筒埴輪………………若松良一
形象埴輪の配置と復原される葬送
　儀礼（上）…若松良一・日高　慎

◆史館　第23号　史館同人　1991
年12月　Ａ5判　120頁
貝の花集落の埋葬………堀越正行
方形周溝墓における未成年中心埋
　葬について……………大村　直
房総の中世土器様相について
　…………………………………笹生　衛

◆宇麻具多　第4号　木更津古代
史の会　1991年9月　Ｂ5判
21頁
木更津市・鳥越古墳々丘内出土の
　骨蔵器…………………笹生　衛
袖ヶ浦市打越出土の緑釉手付瓶
　…………………………………戸倉茂行
内裏塚古墳出土の鳴鏑…椙山林継

◆国立歴史民俗博物館研究報告
第37集　国立歴史民俗博物館
1992年3月　Ｂ5判　490頁
北海道の土偶………………長沼　孝
青森県の土偶………………鈴木克彦
岩手県の土偶………稲野裕介・
　金子昭彦・熊谷常正・中村良幸
宮城県の土偶………………藤沼邦彦
秋田県の土偶………冨樫泰時・
　　武藤祐浩
福島県の土偶………………山内幹夫
茨城県の土偶………………瓦吹　堅
栃木県の土偶………………上野修一
群馬県の土偶………………能登　健
埼玉県の土偶………………植木智子
千葉県の土偶………………堀越正行
東京都の土偶………安孫子昭二・

　　山崎和巳
神奈川県の土偶…………鈴木保彦
新潟県の土偶………………駒形敏朗
北陸の土偶…小島俊彰・神保孝造
山梨県の土偶………………小野正文
長野県の土偶………………宮下健司
岐阜県の土偶………………石原哲彌
静岡県の土偶………………瀬川裕市郎
愛知県の土偶………………安達厚三
香川県の土偶………………丹羽佑一
九州の土偶…………………富田紘一

◆東邦考古　16　東邦考古学研究
会　1992年3月　Ｂ5判　52頁
先史時代人の自然環境認識に関す
　る一考察………………桜井準也
千葉県のいわゆる「帆立貝式古墳」
　について………………遊佐和敏
岡山県・広島県・山口県の木造塔
　付，京都府の木造塔Ⅱ
　…………………………………下村直生
再検討・千葉県内の「方形周溝墓」
　第1回…………………山岸良二

◆考古学雑誌　第77巻第3号　日
本考古学会　1992年2月　Ｂ5判
144頁
伊皿子貝塚の再検討（下）
　……渡辺ネウザ・小野裕子・
　　大井晴男
中九州における弥生時代鉄器の地
　域性………………………村上恭通
中国東部沿岸地域の土器構成から
　見た新石器文化………西谷　大

◆法政考古学　第17集　法政考古
学会　1992年3月　Ｂ5判　103頁
北九州市紫川流域における弥生時
　代の墓地と地域社会…田部秀男
鬼形神像に関する一考察
　…………………………………塩沢裕仁
先史時代の黒曜石研究史
　…………………………………金山喜昭

◆国学院大学考古学資料館紀要
第8集　国学院大学考古学資料館
1992年3月　208頁
武蔵野台地Ⅴ層石器群の分析
　…………………………………角張淳一
玦状耳飾の分類と製作工具に関し
　て…………………………堀江武史
敷石住居址における敷石の規格性
　…………………………………宮沢賢臣
鉄製紡錘車の研究………古庄浩明
伊豆諸島出土・伝世和鏡基礎集成

………永峯光一・青木　豊
　　　川崎義雄・内川隆志
近世かわらけについて…桝渕規彰
瀬戸茶入（銘正木）について
　　　　　　　　……矢崎　格
◆古代　第93号　早稲田大学考古
学会　1992年3月　Ａ5判　154頁
浮島式土器の成立について
　　　　　……松田光太郎
群集墳の一形態としての横穴墓
　　　　　……水野敏典
「貝床」を持つ古墳・横穴について
　　　　　……小澤重雄
後期難波宮と古代寺院…網　伸也
「トビタイ土器群」の分布とその意
義………………………澤井　玄
◆駿台史学　第84号　駿台史学会
1992年2月　Ａ5判　113頁
北関東地方西部弥生時代における
　山高地遺跡と石器……熊野正也
北西関東における弥生土器の成立
　と展開………………若狭　徹
北関東における弥生時代周溝墓の
　諸相………………平野進一
土器様式の構造からみた中部高地
　と北関東……………青木和明
◆大学院紀要　第8号　立正大学
大学院文学研究科　1992年2月
Ａ5判　100頁
仏教考古学の構想………坂詰秀一
◆人類学雑誌　第100巻第1号
日本人類学会　1992年3月　Ｂ5
判　148頁
西北九州弥生人と北部九州弥生人
　の歯冠サイズについて
　　　　　……小山田常一
◆神奈川県立博物館研究報告　第
18号　神奈川県立博物館　1992年
3月　Ｂ5判　74頁
「相模型坏」出現期の意義
　　　　　……國平健三
川崎市・能満寺聖観音菩薩立像に
　ついて………………塩澤寛樹
◆えびなの歴史　海老名市史研究
第3号　海老名市史編集委員会
1992年3月　Ａ5判　119頁
南関東における国府型ナイフ形石
　器の受容と変容………織笠　昭
◆長野県考古学会誌　64　長野県
考古学会　1992年1月　Ｂ5判
69頁

妙高山麓松ヶ峯 No. 237 遺跡採集
　の押型文土器………小島正巳・
　　　　　　　早津賢二
信濃国佐久郡における奈良・平安
　時代の集落構造………堤　隆
中世信濃にみられる大和下田鋳物
　師の研究……………伊藤　修
◆長野県考古学会誌　65・66　大
澤和夫先生追悼号　長野県考古学
会　1992年3月　Ｂ5判　105頁
飯田・下伊那地方における主要河
　川の礫種組成………御堂島正・
　　　　　　　上本進二
下伊那にみる縄文時代中期後半の
　確立………………神村　透
飯田・下伊那の後期弥生土器
　　　　　……山下誠一
信濃に観る横穴式石室墳最終末の
　姿相………………桐原　健
考古学上よりみたる長野県下の製
　錬・鍛冶関係遺跡……岡田正彦
◆歴史と構造　第20号　南山大学
大学院文化人類学研究室　1992年
3月　Ｂ5判　77頁
慶山・大邱地域　三国時代古墳の
　階層分化と地域集団
　　　金龍星　木村光一　訳
◆史林　第74巻第6号　史学研究
会　1991年11月　Ａ5判　204頁
古墳時代仿製鏡の変遷とその特質
　　　　　……森下章司
秦の墓制とその起源……黄　暁芬
◆古代文化　第44巻第1号　古代
学協会　1992年1月　Ｂ5判
60頁
屋瓦遠隔地生産の一側面…井内潔
◆古代文化　第44巻第2号　1992
年2月　Ｂ5判　60頁
武蔵野台地におけるナイフ形石器
　文化成立の背景………戸田正勝
◆古代学研究所研究紀要　第2輯
古代学協会　1992年3月　Ｂ5判
115頁
縄文土瓶………………西田泰民
装飾付須恵器総覧………山田邦和
◆兵庫県の歴史　28　兵庫県史編
集専門委員会　1992年3月　Ａ5
判　76頁
播磨国の瓦について……津川千恵
兵庫県の律令期祭祀遺跡について
　　　　　……渡辺　昇

◆考古学研究　第38巻第4号　考
古学研究会　1992年3月　Ａ5判
128頁
古代条坊制論……………山中　章
山東半島の先史文化の編年及び魯
　中南の関係（下）……李　権生
◆遺跡　第33号　遺跡発行会
1991年12月　Ｂ5判　140頁
愛媛県須恵器研究史…名本二六雄
愛媛県下窯跡出土の須恵器につい
　て……………………眞鍋修身
西条市尾土居窯跡出土の須恵器に
　ついて………………十亀幸雄
愛媛県今治市長沢元瀬窯跡
　　　　　……正岡睦夫
◆九州文化史研究所紀要　第37号
九州大学文学部九州文化史研究施
設　1992年3月　Ａ5判　211頁
一石室多数埋葬の被葬者
　　　　　……田中良之
◆古文化談叢　第27集　九州古文
化研究会　1992年3月　Ｂ5判
256頁
北九州市八幡西区本城出土の備蓄
　銭…………………櫻木晋一
大分県下毛郡三光村瑞雲寺廃寺出
　土遺物の検討………村上久和
長崎県諫早市・大村市出土の朝鮮
　半島系中世瓦について
　　　　　……橋本幸男
小池原上層式・下層式土器に関す
　る諸問題…………水ノ江和同
福岡市クエゾノ遺跡採集の中国製
　銅鏃について………吉留秀敏・
　　　　　　　茂　和敏
日本における階級社会形成に関す
　る学説史的検討序説（Ⅱ）
　　　　　……岩永省三
同型鏡の諸問題………川西宏幸
日本における武寧王陵系遺物の研
　究動向………………小田富士雄
韓国全北地方錦江河口の百済石室
　墳…… 崔　完奎　吉井秀夫　訳
北アジアの鹿石………畠山　禎
三燕文化遺存の初歩的研究
　　… 田　立坤　穴沢咊光　訳
中国考古学の回顧と展望
　　… 徐　苹芳　岡村秀典　訳
◆地域相研究　第20号上巻　地域
相研究会　1991年12月　Ｂ5判
246頁

日本の初期水田農耕期の突帯紋土器…… 李　弘鐘　島津義昭　訳
汎列島的視点による所謂遠賀川系土器研究法の元型……鈴木正博
弥生時代の経済的構造…中村修身
弥生時代の鉄戈製作のメモ
　……………………中山光夫
鉄戈復原に思う………松永源六郎
金海期貝塚の立地について
　……… 崔　鐘圭　中山清隆　訳
刀子と鉄鏃の副葬関係…轟　次雄
筑紫宗像氏と首長権……花田勝広
宗像市相原2号墳出土新羅土器の
再検討……………………宮川禎一
宗像市野坂一町遺跡出土鉄滓の金属学的調査…………東田輝男
嬉野町斧研遺跡の土壙墓と有耳五輪塔………………………槇原慎二

◆**日本旧石器文化の構造と進化**
佐藤宏之著　柏書房刊（東京都文京区本駒込1―13―14）　1992年7月　A5判　362頁　3,800円

日本旧石器時代研究史に続き日本旧石器文化を石器群構造の変革と技術・社会進化の側面から叙述

◆**日本人と鏡**　菅谷文則著　同朋舎出版刊（京都市下京区中堂寺鑓田町2）　1991年10月　200頁　2,000円

弥生時代から現代までの鏡を考古学・民俗学・東洋学の視点から探る。三角縁神獣鏡についての著者の日本製作論は圧巻。

◆**玉とヒスイ―環日本海の交流をめぐって**　藤田富士夫著　同朋舎出版刊　1992年3月　四六判　240頁　2,500円

日本列島と朝鮮半島の耳飾り文化，ヒスイ文化などに視点をおいての環日本海文化論。玦状耳飾についての独自の研究は注目される

◆**前方後円墳**　茂木雅博著　同朋舎出版刊　1992年8月　四六判　195頁　2,500円

起源，時期，政治史の問題から前方後円墳生前築造説をとく。

◆**墓盗人と贋物づくり**　玉利勲著　平凡社刊（東京都千代田区三番町3）　1992年4月　四六判　294頁　2,369円

既著『発掘への執念―大森貝塚から高松塚まで』（新潮社）（のち『日本歴史を掘る』朝日文庫）に続く著者の日本考古学史。前著が表面的な学史とすれば本書はネガの考古学史。

◆**平泉―よみがえる中世都市**　斎藤利男著　岩波書店刊（東京都千代田区一ツ橋2―5―5）　1992年2月　新書判　243頁　580円

奥州藤原氏が栄華を誇った都・平泉の柳の御所所を始めとする発掘成果から中世都市の全貌を描く

◆**渤海国の謎**　上田雄著　講談社刊（東京都文京区音羽2―12―21）　1992年6月　新書判　270頁　650円

忘れられた謎の国・渤海の日本との交渉を海上ルートから探る。

◆**湖の国の歴史を読む**　渡辺誠著　新人物往来社刊（東京都千代田区丸の内3―3―1）　1992年7月　四六判　277頁　2,800円

湖底に眠る縄文の世界，魚にみる古代人の食文化など琵琶湖に生きる人々の足跡をたどる。

◆**平城京を掘る**　田辺征夫著　吉川弘文館刊（東京都文京区本郷7―2―8）　1992年5月　四六判　224頁　1,980円

"地中からのメッセージ"シリーズの第1冊。平城京跡の発掘成果を踏まえた平城京時代の都市の人びとの暮らしと愉しみを平易に説く。とくに長屋王邸宅をめぐる記述は最新のレポート。

◆**当麻石光寺と弥勒仏　概報**　奈良県立橿原考古学研究所編　吉川弘文館刊　1992年8月　A4判　46頁　1,000円

伝承通りの石仏と金箔の塼仏・文様塑壁が発見された二上山麓の石光寺の発掘成果を報告。

◆**上淀廃寺と彩色壁画　概報**　淀江町教育委員会編　吉川弘文館刊　1992年9月　A4判32頁　1,000円

鳥取県淀江町で発見された白鳳寺院の彩色壁画を伴う調査報告。

◆**吉野ヶ里遺跡は語る**　大塚初重・小田富士雄・乙益重隆・佐原眞・西嶋定生著　学生社刊（東京都足立区鹿浜3―29―14）　1992年5月　四六判　220頁　1,980円

朝日カルチャーセンターの講座「吉野ヶ里遺跡は語る―邪馬台国のゆくえ」の活字化であるため，平易な語り口で記載されている読物。吉野ヶ里遺跡のもつ意味をよく理解することができる一書。

◆**古代通信**　森浩一編　玉城一枝・中村潤子・佐古和枝著　学生社刊　1992年6月　四六判　198頁　1,700円

考古学的資料で見る衣・食・住・生活習慣について研究の現状を説く。「産経新聞」生活欄の連載をまとめた一書。

◆**改訂増補　勾玉**　水野祐著　学生社刊　1992年7月　四六判　282頁　2,200円

古代史研究の碩学が勾玉に視点をあてて，三種の神器問題，さらに勾玉のあり方を広く朝鮮半島にまで資料を求めて追究した力作。勾玉の製作技術，玉作組織についても筆を進めている。

◆**縄文の地霊―死と再生の時空**　西宮紘著　工作舎刊（東京都渋谷区松濤2―21―3）　1992年4月　四六判　430頁　2,987円

縄文文化を土器・土偶などの遺物を通して考える一方，縄文神話論をも展開している。縄文世界の独自の解釈を中心とする視点。

◆**謎の画像鏡と紀氏**　日根輝巳著　燃焼社刊（大阪市天王寺区北山町3―5）　1992年7月　A5判　188頁　1,500円

銘文を吏読（いどう，漢字の朝鮮式表記）と読むという発想は新しい。6世紀の金石文資料にいどんだ労作。

◆**呪術世界と考古学**　佐野大和著　続群書類従完成会刊（東京都豊島区北大塚1―14―6）　1992年7月　A5判　448頁　8,500円

古稀を記念して編まれた著者の論文集。「祭祀遺跡・遺物に限らず，当時の信仰習俗を内包する古代生活全般がすべて研究の対象」とするのが神道考古学と説く著者の本格的な論文集。

■考古学界ニュース■

編集部編

―――――― 九州・沖縄地方

貝塚時代前期の住居跡 沖縄県伊是名村伊是名区で伊是名貝塚学術調査団（団長・堅田直帝塚山大学教授）による伊是名（いぜな）貝塚の発掘調査が行なわれ，九州の縄文時代後期に相当する沖縄貝塚時代前期の住居跡などが発見された。竪穴式の住居跡は一辺約3mで隅丸方形。南側の壁には幅1mを越えるテーブルサンゴの一枚板を配置して土止めにしている。遺物としては復元可能な十数個分の土器を含む3,000点を越える土器片，直径4cmの貝製ペンダント，石斧などがあり，小さな島のわずかな調査面積にしては多くの出土遺物に恵まれた。昨年9月の第1次調査では珍しい貝製の釣針も発見されており，豊富な出土品から安定した生活ぶりがうかがえる。

天草からオサンリ型釣針 本渡市本渡町広瀬大矢の大矢遺跡で本渡市教育委員会による発掘調査が行なわれ，縄文時代後期初頭の頁岩製結合釣針の軸部が発見された。この釣針は韓国江原道オサンリ遺跡から出土したオサンリ型釣針とよばれるもので，朝鮮半島との交流が知られる貴重な資料となった。軸は長さ7.4cm，幅1〜1.3cmで，主にサメなどの大型魚を釣ったと考えられる。さらにマムシが装飾された土器やスタンプ型土製品など東日本特有の遺物も出土し注目された。そのほか縄文時代前期から後期へかけての土器・石器が約6,500点出土した。同遺跡では3年前に九州最古とみられる後期初頭の土偶・岩偶，中期末の獣形土製品が出土している。

カメ棺と木棺の併用墓 佐賀市教育委員会が発掘調査を行なっていた同市鍋島町の津留（つる）遺跡で，弥生時代中期初頭の木棺とカメ棺を組み合わせて納めた墓壙が発見された。この中には木棺を

挟んで約70cmの間隔をあけて両脇に長さ70cm，直径60cmのカメ棺2基を配置したものや，一方の端に長さ約70cmのカメ棺を置き，残りの空間に長さ約150cmの木棺をつなげたものもあった。そのほか，長さ約35cm，径約30cmのカメ棺を4つつなぎ合わせて全長約115cmになった珍しい四連式や三連式のもの，朝鮮系無文土器の壺と弥生土器を組み合わせたもの，あるいはカメ棺1基を縦割りして石蓋をかぶせた例など，通有の合口カメ棺の他に大別して5種類の埋葬形態があり，注目される。同遺跡は嘉瀬川の東岸に位置し，これまでに弥生時代前期末から中期中葉にかけてのカメ棺墓，土壙墓，木棺墓が計328基出土している。

大塚古墳に造出しの存在 福岡県浮羽郡田主丸町教育委員会が発掘調査を進めている同町石垣の大塚古墳で20m四方と推定される造出しが発見された。造出しは墓前祭を行なうための神聖な区域とされており，同古墳では片側のくびれ部で検出された。また幅10〜15mの周濠があるほか，古墳の基礎を土留めするため直径1m，重さ1トン以上の巨石を列状に敷き詰めていることも確認された。同古墳は筑後川流域としては最大級の古墳で，直径約60mの円丘部しか現存していないが，西側に前方部の一部とみられる墳丘の一部があり，全長100mを超える大規模な前方後円墳の可能性が強い。

―――――― 中国地方

弥生〜古墳期の住居跡 山口県教育委員会と山口県教育財団が発掘調査を続けている山口県熊毛郡田布施町大波野の明地（みょうじ）遺跡で弥生時代中期から古墳時代前期にかけての大規模な竪穴住居跡群がみつかった。遺跡は朝鮮式山城である石城山神籠石のすそに

当たる所で，標高13〜14mのなだらかな傾斜地。住居跡はほとんどが円形で，直径は7〜8mほど。各住居跡からは多数の土器片と石鏃，土錘などが出土，住居跡の1軒からは40点以上の石鏃と製作途中の石鏃や破片，碧玉製の管玉などが発見された。石鏃の製作場とみられる。今回発掘されたのは遺跡の南端部で，全容がわかれば100軒以上の住居跡になるものと推定されている。また遺跡南端には弥生時代の墓域が存在しており，土坑墓，石棺墓が発見されている。

弥生土器に建物の絵 岡山県古代吉備文化財センターが発掘調査を続けている総社市窪木の窪木遺跡（岡山県立大学建設予定地）で，弥生時代後期初頭の弥生土器に掘立柱式の建物が線刻で描かれているのが発見された。土器は器台の破片で，線刻の絵は斜格子状の線が施された屋根と，柱と思われる縦線7本からなる寄せ棟の掘立柱建物。弥生時代の絵画土器にみられる家の柱は通常2，3本だが，今回は柱が7本もあり，その規模の大きさから普通の家ではなく，特別な用途に使われた建物の可能性が考えられる。この土器は調査区の中央を南北に流れる自然河道（幅約10m）の埋積土中から多数の土器片とともに出土した。

古墳前期の住居跡8軒 鳥取県西伯郡会見町朝金の天王原遺跡で弥生時代中・後期の竪穴住居跡17軒，古墳時代前期〜後期の竪穴住居跡9軒，古墳時代後期の古墳2基，中世の掘立柱建物跡2棟などが出土した。とくに古墳時代前期の住居は一辺8.0mの大型住居を中心にした半径50mの範囲に，一辺4〜6mの住居跡7軒が散らばり，計8軒で集落を形成していた。大型住居には村長が住んだと推定される。住居跡内からは壺，甕をはじめ小型丸底壺，甑など土

107

考古学界ニュース

器の破片が多数出土した。

───────── 四国地方

船を描く弥生土器 松山市生涯学習振興財団埋蔵文化財センターが発掘調査を行なっていた松山市樽味4丁目の樽味高木遺跡の第3次調査で弥生時代後期の船が描かれた土器片が出土した。土器は10.5×11cmと7.5×12cmの2片で、複合口縁壺の肩部分とみられる。この土器には船体と櫂のほか、人間や漁具らしきものも描かれており、表現が写実的で丁寧。船体には綾杉文が施され、櫂は8本確認できるが元は9本あったと推定される。船は大型の構造船か準構造船で、船の前後に出ている2対の四角状のものは漁業用の網ともみられているが、船の大きさから軍用船や商船との見方もある。船上の2本線は4人分の人間の脚と考えられ、間を斜線で緻密に埋めている。

───────── 近畿地方

弥生中期の館跡か 標高40m前後の台地上にある川西市加茂の加茂遺跡で川西市教育委員会による発掘調査が行なわれ、弥生時代中期の大規模集落の跡から、方形に囲んだ柵か土塁の跡とみられる溝遺構が発見された。遺構は東西に長さ7mのが2本、南北に5m前後のものが3本並んでおり、それぞれの端は直角に交わった。反対側は調査対象外の土地であるため不明だが全体は数十mあるらしい。溝は幅15～40cm、深さ十数cmで、数十cm間隔に直径十数cmの穴の跡があった。これに杭を打って二重、三重の柵としたか、杭の間に横木をわたして土を積み土塁としたと推定され、切れ目部分は出入口だったらしい。同場所は直径約250mの環濠の中にあり、遺跡の中でも一番高い地点であることや土器が集中的に出土している

ることから、集落の中心部にあたり、柵内に首長の建物があったことが推定される。また長さ18cmの磨製石剣や長さ9cmの大型石鏃、多量の土器が出土した。集落中心部の区画遺構としては吉野ヶ里遺跡より200年以上も古いもので、同遺跡周辺は邪馬台国以前にあったクニの一つと考えられる。

鎌倉～室町の神社跡 交野市星田3丁目の新宮山遺跡で、交野市教育委員会による発掘調査が行なわれ、鎌倉時代後期～室町時代前期の神社跡がみつかった。新宮山は同市の南にあたる標高60mの丘陵で、現在は何もないが、かつて八幡宮が建っていたという言い伝えがある。遺跡は3層に分かれており、最下層の第1層は鎌倉時代後期から室町時代前期の遺跡で、本殿（規模は不明）を囲んでいたと思われる柵跡や溝跡、陶器などが出土した。第2層は室町時代後期で、神社の最盛期らしく、本殿を大規模に改修した跡や多くの柱穴がみつかった。さらに神具の土師皿を多数埋納した遺構や陶器、明応年間（1490年代）の銘が入った瓦も出土した。また第3層からは第2層の建物が火災に遭った後石垣をめぐらした上に本殿を建て替えた跡が認められ、江戸時代と推定される。神社跡周辺からは鎌、土器、擂鉢などの日用品が多数出土しており、神社に係わる人の住まいがあったとみられる。

堺から中国貨幣の鋳型 16世紀後半の豪商の邸宅跡とみられる堺市甲斐町西のビル建設現場から、唐～北宋時代の中国貨幣を模した私鋳銭の鋳型が大量に出土した。堺市立埋蔵文化財センターが調査した結果、3段積みの石垣を敷地の周囲に巡らせた屋敷跡の裏庭に長径2.8m、短径1m、深さ1.2mの楕円形の穴がみつかり、銅銭の鋳型が備前焼や青磁の皿とともに埋められていた。鋳型のうち1割

は中国銭、9割は字や模様のない無文銭。中国銭は開元通宝（唐）、太平通宝、咸平元宝、天聖元宝、皇宋通宝、天豊通宝、聖宋元宝、政和通宝（以上北宋）の8種類であることがわかった。無文銭は東北地方を除く消費遺跡での出土率が極めて少なく、その鋳型が大量に出土したことは注目に値いする。今回の発見で堺商人が私鋳銭生産に深く関与していたことが実証され、今後中世後期の貨幣流通や社会経済を考えていく上で多くの問題を提起した。

見瀬丸山古墳を調査 昨年5月偶然に穴があいたことから地元住民が石室内部に入り写真を撮影した奈良県橿原市の前方後円墳・見瀬丸山古墳（陵墓参考地）で8月17日から宮内庁による調査が行なわれた。宮内庁の発表によると、実測の結果、羨道長20.1m、高さ1.4～2.5mで、玄室は長さ8.3m、高さ3.6～4mで石室全長は28.4mとなり、予想よりやや短かったものの日本最大の規模であることがわかった。また羨道の前半分は後半分とは異なった石材で造られており、推古朝に改修工事が行なわれた可能性が強まった。また入口付近が初めて研究者や報道関係者に公開された。

貴族邸宅から米の帳簿木簡 平城京右京三条三坊三坪にあたる奈良市菅原東町で奈良市教育委員会が調査を行なったところ大規模な邸宅跡の一部がみつかった。この邸宅の主は面積からみて五位以上の貴族と推定される。建物は奈良時代前期から後期にかけての掘立柱式建物30棟分。この建物群内の井戸（奈良時代中期）から木簡4点が出土し、注目された。そのうち1点は「御米一斗六升五合　見充殿人食米一斗四合　一斗四升九合」とあり、米の支出を記録しておいたものである。そのほかの1点には（表）「進上瓜二百卅七□」

発掘調査

（裏）「八月十六日附鴨□」という木簡があり，献上品を記録したものである。このことから長屋王ら大貴族ばかりでなく一般の貴族邸にも邸内には家政機関があり，木簡で物品を管理していたことがうかがわれる。

法華寺旧境内から建物跡 奈良市法華寺町の法華寺旧境内で，創建法華寺（745年）の金堂跡と奈良時代前半の大規模な建物跡がみつかり，この建物跡は藤原不比等（659〜720年）の邸宅跡である可能性が強まった。現場は現在の法華寺本堂から南へ約90mの地点で，創建法華寺の金堂の基壇の北で，奈良時代の初めに建てられた掘立柱式建物の柱穴2基が発見された。今回の発掘は小部分の調査であるため全体の規模は不明だが，掘り方は約1m四方，柱の直径は約40cm，柱間も3mあり，宮殿クラスの大規模な建物と推定される。『続日本紀』などによれば，藤原不比等が平城遷都に伴ってこの地に邸宅を営み，その後不比等の娘光明子（光明皇后）が皇后宮として居住，後に法華寺になったとされる。法華寺の金堂の下層と考えられることから不比等邸の可能性が強いが，これまでに近くから石敷きの井戸跡や現本堂の下で大規模な建物跡がみつかっており，これらも一連の遺構とみられている。

宝来横穴から新たに5基 伝安康天皇陵の西側に位置する奈良市宝来町4の宝来横穴で奈良県立橿原考古学研究所による発掘調査が行なわれ，新たに5基の横穴が発見され，合計13基となった。大正13年には森本六爾が改めて調査し，その成果をまとめている。今回の調査は横穴群の近くを第二阪奈道路が通ることから行なわれたもので，その結果，明治時代に発見された横穴と同一斜面に5基の横穴が新たにみつかった。調査は明治年間に開口した8基のうちの4基について行なわれた。その結果，時期は7世紀初めとみられ，平均して約5mと細長く，玄室は高さ約1.7m。出土遺物には耳飾や陶棺の破片とみられる陶片，土器片など100点以上あった。谷の対面の斜面にはさらに横穴が存在する可能性もある。

楼閣描く弥生土器 奈良県磯城郡田原本町の唐古・鍵遺跡から2階か3階建ての楼閣を描いた1世紀前半の弥生土器片（畿内第IV様式）が発見された。昨年10〜11月に遺跡の南端にあたる町立北小学校のプール建設に伴う第47次調査で大溝の中から出土したもので，壺の頸と胴の部分の2個にヘラで描かれていた。上部の土器片には2層の寄せ棟の屋根が描かれ，屋根の上と軒の左右端に唐古・鍵遺跡特有の渦巻き状の飾りがある。また下層の屋根には3羽の鳥か棟飾りがある。下部の土器片には2本の柱と梯子が描かれている。3階建てか2階建ての楼閣とみられ，屋根の意匠などが中国漢代の楼閣をかたどった明器によく似ていることから大陸文化の影響が強く感じられる。これまで重層建築は6世紀末の寺院建築まで知られていなかっただけに，一気に弥生まで遡った今回の発見は注目される。当時の人が実際にあった楼閣を見て描いたと推定され，唯一復元された佐賀県吉野ヶ里遺跡の物見櫓にも再検討を迫る発見となった。

藤原京のトイレ跡 橿原市高殿町の藤原京跡で7世紀末のトイレの遺構が発見された。現場は藤原京右京七条一坊西北坪で，藤原宮のすぐ南。トイレは土に穴を掘っただけの簡単なもので，南北1.6m，東西0.5m，深さは1m（推定）。穴の内部に計4本の杭が2本ずつ並行に残っており，この杭に添って踏板が渡してあったらしい。穴からはトイレットペーパー代わりに使われた長さ20cm，幅1cmほどの木片が150点ほど出土，中には使用済みの木簡を転用したものもあった。穴の中に厚さ40cmにわたって堆積していた土を分析した結果，ウリ，サンショウ，ノブドウ，クワなどの種や麻の実，植物繊維，カタクチイワシの骨や動物細胞（種類は分析中）といった未消化の食べ物，さらにマルエンマコガネ，ハエのさなぎなどトイレ特有の昆虫のほかに，人間に寄生した回虫や肝吸虫などの卵もあった。トイレ近くで戸籍に関する木簡や硯などが出土したことから，何らかの役所に設けられた溜め置き式の共同トイレと考えられている。

斉明朝の石垣？ 奈良県高市郡明日香村岡の丘陵地の北斜面で明日香村教育委員会による発掘調査が行なわれ，切石を整然と積んだ石垣が約10mにわたって確認され，『日本書紀』に斉明天皇（655〜661年）が築いたと記述されている石垣である可能性が高まった。斜面を突き固めた版築状土壇を造成し，一辺80〜100cmの明日香産の花崗岩を根石として一列に並べ，その上に平均縦30cm，横20cm，厚さ15cmの加工した砂岩を丁寧に積んでいた。残りのよい個所で4段重ねているが，本来は1mほどの高さがあったらしい。伴出遺物がないため年代は不明だが，これほど大規模な土木工事を行なったのは飛鳥時代以外に考えにくく，斉明2年に「宮（後飛鳥岡本宮）の東の山に石を累ねて垣とす」との記述にあたる遺構とみられる。ただし，この遺構が何のための石垣かとなると，両槻宮そのものをさす説や，防御のための山城説，東南30mの丘陵頂部にある酒船石を含む庭園説などがあがっている。また，飛鳥の諸宮の位置関係を考える上でも重要

■考古学界ニュース■

な遺構である。

――――――関東地方

最大級の琥珀大珠 秦野市下大槻の東開戸遺跡で発掘調査団（安藤文一団長）による発掘調査が行なわれ，土壙墓の中から約6cm大の琥珀大珠が2個発見された。直径約1.5m，深さ0.8mの土壙内から1個ずつみつかったもので，権威の象徴として特別な人が持っていたものとみられる。また土器を頭にかぶせて埋葬した人骨もみつかり，特異な埋葬例として注目される。同遺跡は縄文時代中期の集落跡で，竪穴住居跡33軒，土壙・土壙墓約300基，屋外炉27基，柱穴約500ヵ所と，長さ約6cmのヒスイ製大珠，耳珠，黒曜石片，縄文土器，石器など多数が発見された。

郡衙に伴う正倉跡 鎌倉市御成町の市立御成小学校校舎改築に伴う今小路西遺跡の発掘調査が，鎌倉市教育委員会が委託した同遺跡発掘調査団（団長・吉田章一郎青山学院大学名誉教授）によって行なわれ，古代の倉庫とみられる建物跡数棟が発見された。1985年の調査でみつかった郡衙跡や付属した館跡に連なる正倉でないかとみられている。遺構は奈良，平安時代の倉庫や付属舎の柱穴とみられる穴が100ヵ所以上あり，このうち4ヵ所には木の柱の根元がそのまま残っていた。倉庫は平安時代のものが4棟，奈良時代が2棟。平安時代のものは版築工法を採用し，最大のもので縦14m，横11mの規模があり，柱は5本4列の20本を使い，柱の土台となる礎石7個が残っていた。また奈良時代の倉庫は掘立柱式で，縦横4本ずつ16本の柱穴があり，約1m四方で深さは約70cm。うち1穴に径30cm以上の柱根が残っていた。大規模な柱穴と郡衙に近いことからみて，正税の米や貢物を納めた高

床式の正倉と推定される。さらに郡衙政庁跡部分との境に，柵を立てるための穴が前回の調査に連続する形で確認されたほか，郡衙に付属する建物跡3棟も検出された。

7世紀の円墳 川越市教育委員会が発掘調査を進めていた同市大塚新田の山王塚西古墳は直径32mの円墳で，横穴式石室を伴う7世紀初頭のものであることがわかった。周堀は最大幅約6m，深さ1.5mあり，横穴式石室は全長約5m，最大幅2.5m。奥壁や天井部は壊れていたが，下部は現状が復元できる状態だった。副葬品としては石室の入口付近から土師器の大甕（高さ70cm）が1点完形のまま出土したほか，石室内から水晶などの勾玉8点，石製丸玉6点，金銅環10点，直刀2振など約120点がみつかった。埋葬された被葬者は2体以上と推定される。入間川右岸の台地端上にある南大塚古墳群は大正末期には30数基あったが現在では7基しか残っていない。南大塚4号墳（帆立貝式墳）が6世紀後半に築造された後，山王塚（上円下方墳），山王塚西の順に築造されたとみられている。

県下最大，最古の円墳 栃木県河内郡上三川町教育委員会が石部正志宇都宮大学教授の協力をえて発掘調査を行なっていた同町上神主の浅間（せんげん）神社古墳は5世紀初めに造られた県下最古，最大の円墳であることがわかった。同墳は近くの後志部古墳や狐塚古墳（ともに6世紀の前方後円墳）とともに古墳群を形成し，北側に隣接する上神主廃寺が奈良時代のものであることから6世紀の築造とされていた。発掘調査の結果，墳丘裾に浅い幅数mの周濠を確認，ここから5世紀前半の土師器片数点がみつかった。また周濠内からは土壙墓が6ヵ所みつかり，直径は約60mであることがわ

かった。県内では前方後方墳（4世紀）から前方後円墳（5世紀中葉），そして大円墳へと移行したとされていたが，今回の調査で首長墓の系譜を考え直す必要がでてきた。

鋤先形土製品など出土 小山市の千駄塚古墳の北約300mにある千駄塚浅間遺跡で小山市教育委員会による発掘調査が行なわれ，竪穴住居跡，掘立柱跡などの遺構と土器などがパンケース約150箱分出土した。遺跡は思川東岸の段丘上にあり，古墳時代後期から中世までの複合遺跡。出土した遺構は古墳時代後期を中心とした竪穴住居跡約70軒と倉庫や建物の跡と考えられる掘立柱跡12基，溝跡8条など。遺物では土師器，須恵器のほか，鋤先形土製品4点が栃木県内で初めて発見された。これは竈の神を祭る行事に用いられたものとみられる。このほか瓦や「寒川」「厨」と書かれた墨書土器，円面硯の破片なども出土，平安時代に寺院か役所があったとみられる。

――――――東北地方

新発見の城柵跡か 古川市清水の小寺遺跡で古川市教育委員会による発掘調査が行なわれ，新旧2条の築地塀や櫓跡と推定される2×1間の掘立柱建物跡などが発見された。この築地塀は遺構の北西角に当たり，東西約200m，南北400m以上に及ぶ広さをもつことを確認している。市内には小寺遺跡と同様に周囲を築地塀で区画する覚鱉城などに擬定される宮沢遺跡（国指定）が東約3kmに，玉造郡衙などに擬定される名生館官衙遺跡（国指定）が南西約3kmにあり，これらと同様の城柵官衙遺跡と考えられる。築地塀は下端の幅が2.4m（新），2.0m（旧）で，残存高は新旧とも0.5～1.2mと非常によい状態で検出した。古い築地塀の一部を取り壊し，その上にやや位

発掘調査・学界・その他

置をずらして新しい塀を造っている。掘立柱建物跡は新築地のコーナー部分で築地をまたぐように建てられていることから物見櫓跡と考えられ，その規模は東西5.4m，南北6.8mである。また多賀城に瓦や土器を供給していた大吉山瓦窯跡（国指定）は本遺跡の北東約0.2kmに位置し，この窯跡との関係も注目される。

伊治城正庁域の全容解明　律令政府が8世紀後半に陸奥国経営の拠点として置いた伊治（いじ）城跡（宮城県栗原郡築館町城生野）で，築館町教育委員会と宮城県教育委員会による発掘調査が行なわれ，政庁域の南門や西脇殿などの建物跡，築地塀の一部などが発見された。昨年度までの調査成果を合わせて政庁域の全容がほぼ解明され，築地で囲まれた政庁全体の区画は東西60m，南北62mのほぼ正方形であることがわかった。また昨年度，政庁跡のほぼ中央でみつかった掘立柱式建物跡は正殿だったことが判明した。これらの建物跡にはいずれも火災に遭った跡が認められ，宝亀11年（780年）の伊治公呰麻呂の乱によって焼失した可能性が強い。政庁の規模は当初の予想よりやや小さく，秋田県の払田柵によく似ている。

──────── 北海道地方

中国北部の青銅製耳飾　北海道余市町教育委員会が発掘調査を行なった同町大川町の大川遺跡で，2〜3世紀に中国北部の遊牧民が製作したと考えられる青銅製耳飾2点が出土していたことがわかった。平成2年に同遺跡の7世紀前後の墓から出土したもので，縦2.8cm，幅1.4cm，重さ約20g。頭骨の両耳部分から発見されたことからイヤリングとして使われていたらしい。同じ墓からは獣骨製のヘアピンや土師器，鏃なども出土している。この耳飾に類似の遺物は京都大学文学部博物館にあり，戦前，現内モンゴル自治区で出土したもの。また別の墓からは10世紀前後の内外黒色土器（高さ12.2cm）1点が出土した。渤海国の首都であった東京城から出土している土器と同じもので，渤海からの船が漂着したケースとみられる。

舟の土製品　北海道でも有数の貝塚として知られる亀田郡戸井町字浜町の戸井貝塚で，貝層とほぼ同時期の包含層から，縄文時代後期初頭の磯舟を模したとみられる土製品が出土した。戸井町教育委員会による第4次の調査が行なわれた結果出土したもので，長さは10.3cm，幅3.5cm，高さ3.0cm，厚さ5〜7mm。側面と底面に刻線が施されており，線の深さ，幅はともに1mm。この刻線は準構造船とも受け取れる表現で，今後縄文時代の舟を考える上で重要な資料と思われる。

擦文終末期と思われる人骨2体　伊達市教育委員会が緊急発掘調査を行なった同市向有珠町のオヤコツ遺跡で，擦文時代末期（13世紀）の地層からほぼ完全な人骨や副葬品など100点以上が発見された。現場は噴火湾の海岸線から50mほどのところで，発見された人骨は2体。1体は全長166cmの壮年男性と考えられ，仰臥伸展葬。人骨の横には約70cmの刀と刀子，20点以上の骨製鏃が添えてあった。そのほか，槍，鏃，鎌，刀剣，内耳鍋などの鉄製品や土師器，須恵器，擦文土器，それにシカ，イルカ，クジラの骨様などもみつかった。さらに方形の配石遺構が2基発見された。全体の形や性格は不明だが，一辺はおよそ4.5m。擦文期人骨の発見は極めて珍しく，アイヌ民族との関係を知る重要な手がかりになるものと思われる。

──────── 学界・その他

第1回相澤忠洋賞決定　在野の研究者として独学で日本旧石器文化を発見した故相澤忠洋氏（1926年〜1989年）を記念して創設された相澤忠洋賞の第1回受賞者に藤村新一氏が選ばれた。藤村氏は宮城県および近県の旧石器時代研究を推進する民間の研究団体・石器文化談話会の会員。また相澤氏と共著で『赤城山麓の旧石器』を執筆した関矢晃氏には感謝状が授与され，9月15日相澤忠洋記念館（群馬県勢多郡新里村奥沢537，芹沢長介名誉館長，相澤千重子館長）において贈呈式が行なわれた。

「楼蘭王国と悠久の美女展」　9月8日から東京・上野の国立科学博物館で開かれている（11月29日まで）。同展は5世紀末こつ然と姿を消したシルクロードの幻の王国・楼蘭に近いロプノル北端で発見された約4,000年前の女性のミイラと幼児ミイラ各1体とともに当時の生活用具や副葬品，織物などを含む出土品約200点で構成されている。日中国交正常化20周年を記念して開催されているものでこのあと福岡，京都でも開かれる。

「弾・吹・打」展　千葉県佐倉市の国立歴史民俗博物館において開催されている（10月10日〜11月29日）。同展は日本の楽器を中心に諸民族の楽器を日本の伝統的な楽器分類にしたがって，弾きもの・吹きもの・打ちもの・摺りもの・振りものに分けて展示される。

日本考古学協会1992年度大会　11月22日〜24日の3日間，奈良市の奈良大学にて開催される。図書交換会は23日の予定。交通は近鉄京都線「高の原」駅下車。

古墳見学会

古墳文化研究会（茨城県牛久市田宮町146―3　岡野美紀夫方）は11月21日，22日の両日，平城宮資料館，天皇陵などの見学会を開く。募集人員30〜40名，10月31日締切。費用2,000〜21,000円。

▧第42号予告▧

特集　須恵器の編年とその時代

1993年1月25日発売
総112頁　2,000円

須恵器の編年……………………中村　浩
須恵器の系譜と編年
　陶質土器と初期須恵器の系譜…冨加見泰彦
　須恵器のひろがりと編年………小田富士雄
　須恵器の終末とその行方………森田　稔
　沖縄の類須恵器…………………池田栄史
須恵器の時代と様相
　律令制と須恵器…………………交　渉　中
　古器名考証………………………井山温子
　様々なかたち……………………柴垣勇夫
生産地の様相と編年
　多摩・比企………………………酒井清治

猿投・美濃………………………斉藤孝正
湖西………………………………後藤建一
陶邑………………………………樋口吉文
東播磨……………………………岸本一郎
牛頸………………………舟山良一・平田定幸
消費地の様相と編年
　古墳と須恵器……………………余語琢磨
　平城京と須恵器…………………交　渉　中
　平安京と須恵器…………………網　伸也
自然科学と須恵器
　産地推定の手法…………………三辻利一
　年代推定の手法…………………広岡公夫

編集室より

◆考古学のなかで，とくに人気のある時代は，といえば一般的には縄文時代といわれている。モースの大森貝塚の発掘などが，ひとびとの郷愁を誘うのであろうか。戦後の考古学研究は，戦前と比較すれば大転回をみせた。科学の発達が否応もなく関わってくるからである。医，地質，植物，動物，鉱物の各学問分野が，隣接科学というよりも，主体的な活動をみせている。まさに考古学は，いまや総合科学というべきであろう。本号の貝塚の分析・追究の方法をみていると，ますますその感を強くするのである。　　　　　（芳賀）

◆貝塚は考古学者にとっていろいろなものが詰まった宝の山といえる。そこには貝類を始めさまざまな魚骨・獣骨，土器，骨角器そして人骨が残されている。保存のよい状態でこれだけまとまって研究できる遺跡はなかなかない。貝塚は決して単なるゴミ捨て場だけでなく，貝むきなどの作業場跡もあるという。目次に掲げた写真は千葉市の加曽利貝塚公園の正面入口だがこの大きな貝塚に立つとなるほどとうなづける。昔は見向きもされなかった微細な骨に至るまで丁寧に拾い上げられるのが最近の調査法であって，こうしたなかから縄文人の生活が復原されるのである。　　　（宮島）

本号の編集協力者――岡村道雄（文化庁記念物課／文化財調査官）

1948年新潟県生まれ，東北大学大学院修士課程修了。「機能論」（岩波講座日本考古学Ⅰ），『座散乱木遺跡』（共著），『日本旧石器時代史』『里浜貝塚』Ⅰ・Ⅲ～Ⅵ（共著）などの著書・論文がある。

▧本号の表紙▧
西広貝塚の調査

　表紙写真は千葉県市原市にあった西広（さいひろ）貝塚の第4次調査時に撮影した貝層の広がり状態である。
　西広貝塚は，東京湾東岸に見られる大型貝塚群の一角を占める馬蹄形貝塚として，古くから知られていたが，宅地造成に伴い昭和47年から62年にかけて7次にわたる調査を実施し，貝塚の全体像をおおよそ把握することができた。とくに写真の貝塚西側斜面部では厚さ2mに及ぶ貝層がみられ，後期から晩期にかけての貝層の広がりや堆積状態，時期による貝類組成の相違や貝殻の大きさの変化などが確認されている。
　住居跡は全体で40軒ほどが調査され，人骨も40体ほど出土している。また貝塚中央部では，晩期の土器片とともにシカ，イノシシなどの獣骨が密集する地点，埋葬人骨の周辺から多量の土偶が出土した地点などさまざまな様相をみせていた。（写真提供・市原市教育委員会）
　　　　　　　　　　　　　　　（米田耕之助）

▶本誌直接購読のご案内◀

『季刊考古学』は一般書店の店頭で販売しております。なるべくお近くの書店で予約購読なさることをおすすめしますが，とくに手に入りにくいときには当社へ直接お申し込み下さい。その場合，1年分の代金（4冊，送料は当社負担）を郵便振替（東京3-1685）または現金書留にて，住所，氏名および『季刊考古学』第何号より第何号までと明記の上当社営業部まで送金下さい。

季刊 考古学　第41号　　　1992年11月1日発行
ARCHAEOLOGY QUARTERLY
定価 2,000円
（本体1,942円）

編集人　芳賀章内
発行人　長坂一雄
印刷所　新日本印刷株式会社
発行所　雄山閣出版株式会社
〒102　東京都千代田区富士見2-6-9
電話　03-3262-3231　　振替　東京3-1685

◆本誌記事の無断転載は固くおことわりします
ISBN 4-639-01118-0　printed in Japan

季刊 考古学　オンデマンド版　第 41 号　1992 年 11 月 1 日　初版発行
ARCHAEOROGY　QUARTERLY　2018 年 6 月 10 日　オンデマンド版発行
定価（本体 2,400 円＋税）

編集人　　芳賀章内
発行人　　宮田哲男
印刷所　　石川特殊特急製本株式会社
発行所　　株式会社　雄山閣　http://www.yuzankaku.co.jp
　　　　　〒 102-0071　東京都千代田区富士見 2-6-9
　　　　　電話 03-3262-3231　FAX 03-3262-6938　振替　00130-5-1685

◆本誌記事の無断転載は固くおことわりします　　ISBN 978-4-639-13041-3　Printed in Japan

初期バックナンバー、待望の復刻 !!

季刊 考古学 OD　創刊号〜第 50 号〈第一期〉

全 50 冊セット定価（本体 120,000 円＋税）　セット ISBN：978-4-639-10532-9
各巻分売可　各巻定価（本体 2,400 円＋税）

号　数	刊行年	特　集　名	編　者	ISBN（978-4-639-）
創刊号	1982 年 10 月	縄文人は何を食べたか	渡辺 誠	13001-7
第 2 号	1983 年 1 月	神々と仏を考古学する	坂詰 秀一	13002-4
第 3 号	1983 年 4 月	古墳の謎を解剖する	大塚 初重	13003-1
第 4 号	1983 年 7 月	日本旧石器人の生活と技術	加藤 晋平	13004-8
第 5 号	1983 年 10 月	装身の考古学	町田 章・春成秀爾	13005-5
第 6 号	1984 年 1 月	邪馬台国を考古学する	西谷 正	13006-2
第 7 号	1984 年 4 月	縄文人のムラとくらし	林 謙作	13007-9
第 8 号	1984 年 7 月	古代日本の鉄を科学する	佐々木 稔	13008-6
第 9 号	1984 年 10 月	墳墓の形態とその思想	坂詰 秀一	13009-3
第 10 号	1985 年 1 月	古墳の編年を総括する	石野 博信	13010-9
第 11 号	1985 年 4 月	動物の骨が語る世界	金子 浩昌	13011-6
第 12 号	1985 年 7 月	縄文時代のものと文化の交流	戸沢 充則	13012-3
第 13 号	1985 年 10 月	江戸時代を掘る	加藤 晋平・古泉 弘	13013-0
第 14 号	1986 年 1 月	弥生人は何を食べたか	甲元 真之	13014-7
第 15 号	1986 年 4 月	日本海をめぐる環境と考古学	安田 喜憲	13015-4
第 16 号	1986 年 7 月	古墳時代の社会と変革	岩崎 卓也	13016-1
第 17 号	1986 年 10 月	縄文土器の編年	小林 達雄	13017-8
第 18 号	1987 年 1 月	考古学と出土文字	坂詰 秀一	13018-5
第 19 号	1987 年 4 月	弥生土器は語る	工楽 善通	13019-2
第 20 号	1987 年 7 月	埴輪をめぐる古墳社会	水野 正好	13020-8
第 21 号	1987 年 10 月	縄文文化の地域性	林 謙作	13021-5
第 22 号	1988 年 1 月	古代の都城―飛鳥から平安京まで	町田 章	13022-2
第 23 号	1988 年 4 月	縄文と弥生を比較する	乙益 重隆	13023-9
第 24 号	1988 年 7 月	土器からよむ古墳社会	中村 浩・望月幹夫	13024-6
第 25 号	1988 年 10 月	縄文・弥生の漁撈文化	渡辺 誠	13025-3
第 26 号	1989 年 1 月	戦国考古学のイメージ	坂詰 秀一	13026-0
第 27 号	1989 年 4 月	青銅器と弥生社会	西谷 正	13027-7
第 28 号	1989 年 7 月	古墳には何が副葬されたか	泉森 皎	13028-4
第 29 号	1989 年 10 月	旧石器時代の東アジアと日本	加藤 晋平	13029-1
第 30 号	1990 年 1 月	縄文土偶の世界	小林 達雄	13030-7
第 31 号	1990 年 4 月	環濠集落とクニのおこり	原口 正三	13031-4
第 32 号	1990 年 7 月	古代の住居―縄文から古墳へ	宮本 長二郎・工楽 善通	13032-1
第 33 号	1990 年 10 月	古墳時代の日本と中国・朝鮮	岩崎 卓也・中山 清隆	13033-8
第 34 号	1991 年 1 月	古代仏教の考古学	坂詰 秀一・森 郁夫	13034-5
第 35 号	1991 年 4 月	石器と人類の歴史	戸沢 充則	13035-2
第 36 号	1991 年 7 月	古代の豪族居館	小笠原 好彦・阿部 義平	13036-9
第 37 号	1991 年 10 月	稲作農耕と弥生文化	工楽 善通	13037-6
第 38 号	1992 年 1 月	アジアのなかの縄文文化	西谷 正・木村 幾多郎	13038-3
第 39 号	1992 年 4 月	中世を考古学する	坂詰 秀一	13039-0
第 40 号	1992 年 7 月	古墳の形の謎を解く	石野 博信	13040-6
第 41 号	1992 年 10 月	貝塚が語る縄文文化	岡村 道雄	13041-3
第 42 号	1993 年 1 月	須恵器の編年とその時代	中村 浩	13042-0
第 43 号	1993 年 4 月	鏡の語る古代史	高倉 洋彰・車崎 正彦	13043-7
第 44 号	1993 年 7 月	縄文時代の家と集落	小林 達雄	13044-4
第 45 号	1993 年 10 月	横穴式石室の世界	河上 邦彦	13045-1
第 46 号	1994 年 1 月	古代の道と考古学	木下 良・坂詰 秀一	13046-8
第 47 号	1994 年 4 月	先史時代の木工文化	工楽 善通・黒崎 直	13047-5
第 48 号	1994 年 7 月	縄文社会と土器	小林 達雄	13048-2
第 49 号	1994 年 10 月	平安京跡発掘	江谷 寛・坂詰 秀一	13049-9
第 50 号	1995 年 1 月	縄文時代の新展開	渡辺 誠	13050-5

※「季刊 考古学 OD」は初版を底本とし、広告頁のみを除いてその他は原本そのままに復刻しております。初版との内容の差違は
　　ございません。

「季刊 考古学　OD」は全国の一般書店にて販売しております。なるべくお近くの書店でご注文なさることをおすすめしますが、とくに手に入り
にくいときには当社へ直接お申込みください。